Morgane Seliman

Mein Leben war in seiner Hand

Geschlagen und gedemütigt
Wie mein Zuhause zum Albtraum wurde

Aus dem Französischen von
Monika Buchgeister

Weltbild

Lizenzausgabe mit Genehmigung der Bastei Lübbe AG, Köln
für Weltbild GmbH & Co. KG, Ohmstraße 8a, 86199 Augsburg

Für die Originalausgabe:
Copyright © 2015 by XO Édition, Paris
Originalverlag: XO Édition, Paris

Für die deutschsprachige Ausgabe:
Copyright © 2017 by Bastei Lübbe AG, Köln
Übersetzung: Monika Buchgeister
Textredaktion: Dr. Matthias Auer, Bodmann-Ludwigshafen
Covergestaltung: atelier seidel, teising
Covermotiv: iStockphoto / Alvarez
Satz: Datagroup int. SRL, Timisoara
Druck und Bindung: CPI Moravia Books s.r.o., Pohorelice
Printed in the EU
978-3-8289-5497-7

Einkaufen im Internet:
www.weltbild.de

Um die Identität der in diesem Erfahrungsbericht genannten Personen zu wahren, wurden mehrere Vornamen, Familiennamen und Ortsnamen geändert.

Für dich, du Atem meines Lebens,
meiner Vergangenheit, meiner Gegenwart,
meiner Zukunft.
Für dich, du Liebe meines Lebens,
für dich, mein Sohn, für den ich weiterlebe
und dem ich das Leben verdanke.
Für alle, die nicht begreifen, warum man nicht fortgeht

...

Für alle Frauen, die unter dem Einfluss eines
anderen Menschen stehen oder standen.

Inhalt

1

Countdown

»In drei Stunden bist du dran!«

Yassine sitzt vor dem Fernseher auf dem Sofa.

Heute Morgen habe ich nicht alles so erledigt, wie es ihm vorschwebte. Eines seiner beiden Frühstückseier war nicht richtig gekocht. Auf sein Butterbrot hatte ich zu viel Salz gestreut. Yassine hat den Teller durchs Zimmer geworfen.

»Weißt du was, du bist nicht einmal in der Lage, Eier richtig zu kochen! Dafür wirst du büßen!«

Bereits eine Stunde des Countdowns ist mittlerweile verstrichen. Ich wusste, dass die Eier heute Morgen nicht perfekt waren. Ich hätte noch einmal neue kochen sollen ... Aber es war keine Zeit mehr. Er wollte sein Frühstück sofort haben. Und das Salz ... Yassine will keine gesalzene Butter. Er will das Salz fein auf süße Butter gestreut bekommen.

Jetzt bleiben mir noch zwei Stunden, dann ist es so weit.

Ab 14 Uhr hält Bilal, unser Sohn, seinen Mittagsschlaf. Dann kommt der »Countdown« an sein Ende. Yassine will mich nicht im Beisein unseres Sohnes schlagen.

Ich beeile mich mit meiner Bügelwäsche. Danach werden meine Schmerzen zu groß sein. Ich habe gelernt, mir meine Zeit einzuteilen. Wenn er einen Countdown ankündigt, überlege ich sofort, was in der verbleibenden Zeit noch zu machen ist. Alles muss fertig sein, all meine Aufgaben müssen erledigt sein, dann bin ich beruhigt. Ich gehe durch, was noch zu tun ist. Ich habe bereits feucht gewischt, die Küche geschrubbt, die Waschmaschine angestellt. Ich wasche jeden Tag, damit auch nicht ein einziges schmutziges Kleidungsstück im Haus herumliegt.

»Viertel nach eins …«

Beinahe heiter hat Yassine diese Worte fallen lassen, ohne mich dabei anzusehen.

Ich lasse meinen Blick hierhin und dorthin schweifen und überlege, was ich vielleicht noch vergessen haben könnte. Bilal spielt, ohne Lärm dabei zu machen. Noch ist er ein Baby, aber er hat sehr schnell begriffen, wie er sich am besten aus der Schusslinie bringt.

Nichts. Es ist nichts mehr zu tun. Ich könnte mich jetzt auf das Sofa setzen, aber ich zögere. Wenn ich das mache, bekommt Yassine oft sofort einen Wutanfall.

»Was machst du da?«

»Äh, nichts … ich setze mich hin …«

»Hast du alles erledigt? Liegt nichts mehr herum? Bist du sicher? Du bist eine Schlampe, wenn du dich jetzt schon hinsetzen kannst!«

Wir haben ein Ecksofa. Mein Platz ist auf der schmaleren Seite ohne Lehne. Wenn er sich entscheidet, sofort zuzuschlagen, sitze ich dort in der Falle, und alles ist noch schlimmer als sonst. Dann schlägt er doppelt so stark zu. Endlos boxt er mit der Faust auf mich ein. Als wäre ich ein Kissen. Hinzukommt, dass ich schnell zittere, wenn ich neben ihm sitze, und das regt ihn zusätzlich auf.

Aber Bilal ist noch im Zimmer. Er ist erst ein paar Monate alt, und schon beschützt er mich …

Ich nehme eine neue Aufgabe in Angriff. Die Zeit für das Mittagessen naht. Ich werde damit beginnen, etwas vorzubereiten. Die Küche ist nicht vom Wohnzimmer getrennt, deshalb muss ich darauf achten, so leise wie möglich zu Werke zu gehen, um ihn nicht zu stören.

Gefüllte Eier mit Petersilie garniert als Vorspeise, dann Bœuf bourguignon und als Dessert Schokoladen-Eclairs. Yassine legt großen Wert darauf, dass alles ansprechend angerichtet ist. Es muss hübsch aussehen. Tut es das nicht, wird er den Teller wieder durchs Zimmer schleudern. Ich gebe mir Mühe. Ich habe große Fortschritte gemacht. Konnte ich am Anfang kaum etwas kochen, so bereite ich jetzt aufwendige Gerichte zu.

Yassine isst wortlos.

Als er fertig ist, wirft er einen Blick auf die Wanduhr.

»Dreißig Minuten!«

Mein Schädel schmerzt noch von den gestrigen Schlägen. Im Allgemeinen geht Yassine so vor, dass die Spuren nicht zu sehen sind. Der Kopf. Die von der Kleidung bedeckten Körperteile. Manchmal bekommt aber doch das Gesicht etwas ab.

Zwanzig Minuten. Ich tue so, als würde ich lediglich die Küche aufräumen, verstecke dabei aber die Messer und Gegenstände, die eine echte Gefahr darstellen könnten. Man weiß nie. Normalerweise setzt er seine Schläge sehr gezielt und wohldosiert. Darauf ist er sogar richtig stolz.

»Vergiss nicht, dass ich dich mit einem einzigen Fausthieb töten könnte! Ich habe alles unter Kontrolle!«

Selbst wenn ich ziemlich übel zugerichtet bin, sagt er noch zu mir: »Keine Sorge, davon stirbt man nicht …«

Ich beklage mich jedenfalls nie. Das würde ihn nur noch mehr aufregen. Ich beiße die Zähne zusammen und tue so, als sei nichts gewesen. Auch wegen des Kleinen. Ich will nicht, dass er begreift, was hier vor sich geht.

»Zehn Minuten!«

Ich werde meinen Sohn auf den Arm nehmen, um ihn schlafen zu legen. Diese Zeit bleibt mir. Ich harre an seiner Seite aus, bis er eingeschlafen ist. Yassine erträgt es nicht, ihn weinen zu hören. Während ich oben in unserem Schlafzimmer bin, in dem auch Bilal schläft, wird

Yassine die Vorbereitungen für sein Vorhaben treffen. Er wird die Vorhänge zuziehen, die Tür abschließen und den Schlüssel in seine Hosentasche stecken, damit ich nicht auf die Idee komme zu fliehen.

Als ich mit meinem Sohn die Treppe hinaufsteige, versuche ich, mich so gut wie möglich zu kontrollieren. Ich will nicht, dass mein Baby meine Angst spürt. Ich will es schützen. Ich muss in seiner Gegenwart ruhig bleiben. Ich wechsle die Windel, ich schmuse ein wenig mit ihm und lege es dann ins Bett. Ich bleibe noch kurz bei ihm, aber ich weiß, dass Yassine unten schon ungeduldig wird. Dann gehe ich in Richtung Treppe. Ich koste jeden einzelnen Schritt die Treppe hinunter aus und versuche, nicht daran zu denken, was mich jetzt gleich erwartet. Der Druck und die Angst sind Teil der Folter.

Die Schlüssel befinden sich schon in seiner Tasche, und sogar die Fensterläden in der Küche sind geschlossen. Er hat Musik angemacht, um die Geräusche zu überdecken.

»Komm her!«

Noch drei Schritte.

»Nimm die Arme neben den Körper!«

Mir kommt es vor, als wollte mein Herz zerspringen. Ich presse meine Hände auf meine Oberschenkel, um mein Zittern in den Griff zu bekommen.

Er nähert sich mir wie ein Boxer, tänzelt von einem Fuß auf den anderen.

»Musstest du dich wieder aufspielen heute Morgen!«

»Es tut mir leid, mein Herzblatt. Wirklich, entschuldige bitte …«

Aber noch ist es zu früh für Entschuldigungen.

»Ach! … Jetzt hast du Angst! Jetzt tut es dir leid!«

Er schleicht um mich herum, ohne den Blick von mir zu wenden. Seine grünen Augen durchbohren mich förmlich. Es ist unglaublich, welche Härte sie verströmen können. Unglaublich, wie groß der Kontrast zu den Augenblicken ist, in denen er nett ist.

Dann plötzlich schießt sein Arm nach vorn. Einen Zentimeter vor meinem Gesicht stoppt er die Bewegung, aber ich konnte ein ausweichendes Zucken nicht unterdrücken. Er liebt es, einen Schlag anzutäuschen.

»Was habe ich dir gesagt? Du sollst keine Angst zeigen! Du sollst keine Angst zeigen, weil es mich noch mehr aufregt, wenn du solche reflexartigen Bewegungen vollführst!«

Nochmals holt er zu einigen fingierten Schlägen aus, aber nur wenig später beginnen die tätlichen Angriffe. Eine Ohrfeige, noch eine, dann die Faustschläge. Als ich falle, geht er zu Fußtritten über. Vollkommen erledigt stoße ich schließlich hervor: »Ich flehe dich an, hör auf!«

Er erträgt es nicht, wenn ich das sage, wenn ich spreche. Das sollte ich eigentlich wissen, aber daran habe ich gerade nicht gedacht. Jetzt kann ich einfach nur noch versuchen zu beteuern, dass ich nicht wieder anfangen werde, dass es mir leidtut. Die Schläge hageln weiter auf mich ein. Ich versuche, mich so gut wie möglich zu schützen, indem ich mich zusammenkauere.

Schließlich hört er auf.

Regungslos liege ich am Boden. Er packt mich an den Haaren, die ich sehr lang trage, weil er nicht duldet, dass ich sie abschneide, und schleift mich zum Sofa. Das tut höllisch weh, da ich ohnehin schon viele Hämatome am Schädel habe.

Jetzt steht die Moralpredigt an. Er hält mir Vorträge über das Leben. Er erklärt mir, dass ich nichts so mache, wie es sich gehöre. Ich hielte nicht genug Ordnung, nicht einmal die einfachsten Verrichtungen brächte ich zuwege. Ich müsse mich bessern, ich hörte ihm nicht richtig zu, ich würde immer wieder die gleichen Fehler machen. Er erklärt mir, wie sein perfektes Leben aussieht …

Dann geht er die Treppe zum Schlafzimmer nach oben. Nach ein paar Stufen wendet er sich um: »So, jetzt schaffst du hier unten wieder Ordnung. Ich gehe duschen. Wenn ich wiederkomme, hast du dir eine Entschuldigung überlegt!«

»He, Dickerchen«, so nennt er mich immer, wenn er mich ruft, »bring mir das Shampoo!«

Wenn Yassine unter der Dusche steht, kann er nicht selbst den Arm ausstrecken, um nach der Flasche zu greifen. Er ruft mich. Er will auch, dass ich sein Handtuch über die Heizung lege, damit es schön warm ist, wenn er die Dusche verlässt. Und ich muss seine Kleidung auf dem Bett bereitlegen, genau in der Reihenfolge, in der er sich anziehen wird. Alles muss schön aufeinandergestapelt daliegen, wie bei einem Kind. Mache ich dabei einen Fehler, regt er sich auch darüber auf.

Drei-, vier-, fünfmal werde ich die Treppe hinauflaufen, um ihm zu bringen, was er verlangt. Und ich beseitige im Wohnzimmer alle Hinterlassenschaften der »Lektion«. Es darf nicht die geringste Spur davon zu sehen sein, wenn er wieder ins Zimmer kommt. Ich unterdrücke den Schmerz, will ihn auf Distanz halten. Ich muss alles aufräumen, also darf ich nicht auf meinen Körper hören. Ich versuche, mir immer wieder einzureden, dass der Geist den Körper beherrschen kann.

Wenn er wieder herunterkommt, muss ich ein Lächeln an den Tag legen. Er fängt dann wieder an, auf mich einzureden, und die Moralpredigt geht weiter. Manchmal eine halbe Stunde lang …

Und dann bin ich schließlich an der Reihe.

»Entschuldige, dass ich mich so verhalten habe. Dass du dich über mich ärgern musstest.«

Das muss ich dann weiter ausführen. Es muss aufrichtig wirken. Irgendwann akzeptiert er meine Entschuldigungen.

Bilal wird gleich aufwachen. Der Tag geht weiter. Mein Körper schmerzt überall, jede Bewegung kostet mich eine ungeheure Anstrengung. Und mir ist klar, dass es morgen von Neuem losgehen wird, und an allen folgenden Tagen auch ...

Ich weiß nicht, wie ich da herauskommen soll. Yassine ist zu stark. Zu verrückt.

2

»Morgane wird meine Frau werden!«

Ich kannte Yassine dem Namen nach, da ihm ein gewisser Ruf vorauseilte, und ich war ihm ein paarmal
auf der Straße begegnet, ohne mit ihm zu sprechen. Er
war mit dem Bruder meines damaligen Freundes
Franck befreundet. »Yassine der Schreckliche«, so
wurde er unter anderem genannt, bezeichnenderweise.
Yassine war zu allem fähig. Yassine widersprach man
nicht. Alle hatten ein wenig Angst vor ihm, weil bekannt war, dass er sich nichts gefallen ließ, dass er mit
jedem abrechnete, und zwar nicht immer auf anstän-
dige Art und Weise.

An dem Tag, als er mich zum ersten Mal ansprach,
besuchte ich mit meinem Freund ein Fußballspiel.

Wir saßen mit unserer Clique ganz zufrieden am
Rand des Spielfeldes. Da tauchte Yassine mit dem für
ihn typischen Gehabe auf, wenn er irgendwo in Er-
scheinung treten wollte. Eine etwas lässige Gangart,
den Kopf stolz nach hinten geworfen. Eine richtige Er-
oberungshaltung. Wohl wissend, dass er Eindruck
macht. In seinen Mundwinkeln spielt ein kleines,
selbstzufriedenes Lächeln …

Mit seinen funkelnden grünen Augen tritt er näher,

und ohne unsere Gruppe zu begrüßen, lässt er Folgendes vom Stapel:

»Franck, ich muss dir jetzt mal etwas sagen. Ich wollte nur, dass du weißt, dass Morgane irgendwann meine Frau werden wird. Und wir werden viele Kinder zusammen haben. Damit einen schönen Abend, Kumpel!«

Er wendet sich zu mir, wirft mir einen bohrenden Blick zu und fährt fort: »Bis später, Morgane …«

Dann vollführt er eine leichte Verbeugung, wobei er uns stets fest im Blick behält, und dreht ab. Mit hoheitsvollem Schritt zieht er von dannen, ohne sich noch einmal umzuwenden.

Mein Freund blafft ihm nach: »Verschwinde, Yassine, verschwinde! Mach schon, hau ab!«

Aber seine Worte sind nur Schall und Rauch für Yassine.

So lauteten die ersten Worte, die er an mich richtete, und ich fand es wirklich dreist, so daherzukommen und meinem Freund diese Worte an den Kopf zu knallen. Ich war ganz schön verblüfft über seine Frechheit, sein Interesse für mich schmeichelte mir wohl zugleich aber auch, was ich mir allerdings nicht wirklich klarmachte. In meiner Beziehung zu Franck herrschte damals bereits leichte Flaute, er schenkte mir eigentlich keine wirkliche Aufmerksamkeit mehr. Als sich der Blick aus Yassines grünen Augen auf mich richtete, hat das etwas in mir aufgeweckt.

In der Folgezeit bin ich ihm manchmal zufällig am Sonntag über den Weg gelaufen. Ganz der Charmeur, der er sein konnte, lächelte er mir jedes Mal zu und sagte: »Du solltest mit mir zusammen sein. Ich, ich bin wie du. Ich bin Ägypter … Ich bin wie du.«

Von Anfang an lag etwas Beschwörendes in seinen Worten. Immer wieder betonte er unsere gemeinsame Herkunft. Und immer wieder mit diesen funkelnden Augen, die mich so verwirrten. Nie zuvor hatte ein Mann mich so angesehen und mir so deutlich zu verstehen gegeben, dass er mich schön fand. Sobald sich unsere Blicke trafen, fühlte ich mich wie elektrisiert.

Mein Vater ist Ägypter und meine Mutter Französin, und bei Yassines Eltern verhält es sich genauso. Das war für unsere Geschichte ein entscheidender Faktor. Anfangs besaß diese gemeinsame Herkunft für mich allerdings keinerlei Bedeutung. Ein Zufall. Aber Yassine würde mich schließlich davon überzeugen, dass dieser Umstand uns mehr als alles andere verbinde.

Meine Eltern haben sich in Kairo kennengelernt, wo mein Vater lebte. Meine Mutter arbeitete damals für eine Werbeagentur und hielt sich mehrere Monate dort auf, um einen Vertrag zum Abschluss zu bringen. Sie verliebten sich ineinander, und mein Vater hat dann alles aufgegeben, um ihr nach Frankreich zu folgen, als ihre Rückreise anstand. Seine Familie hieß das nicht gut, aber er ließ sich durch nichts von seinem Entschluss abbringen. Er war – und ist immer noch – Musiker und gab eine vielversprechende Karriere in Ägypten auf, während ihn in Frankreich lediglich unsichere Engagements erwarteten.

Ich wurde recht schnell nach ihrer Ankunft in Villecresnes in der Region Val-de-Marne geboren. Das war am 21. Juli 1983. Lange habe ich mit meinen Eltern bei meiner Großmutter gelebt, in einer kleinen, ruhigen Vorstadt südöstlich von Paris. In den Wohnblöcken der dortigen Hochhausviertel gab es kleine Schiebereien, und man hörte alle möglichen Geschichten. Insgesamt war es jedoch ein eher friedliches Miteinander, auch wenn man lernte, sich zu verteidigen. Besondere Ereignisse blieben hier nicht lange verborgen, denn irgendwie kannte beinahe jeder jeden.

Was den Vater von Yassine angeht, so ist er also ebenfalls Ägypter, und seine Familie stammt aus Kairo wie die meines Vaters. Allerdings aus einem anderen sozialen Milieu: Er ist Geschäftsmann und hat einen ganz anderen Lebenswandel als wir. Seine Mutter ist Französin, aber Yassines Eltern haben sich schon vor Jahren getrennt. Yassine ist in Seine-et-Marne aufgewachsen, bevor er den nördlichen Vorstadtgürtel kennenlernte, wo seine Mutter hinzog. Sein Vater seinerseits pendelt bis heute zwischen Frankreich und Ägypten.

Diese beiden Länder, die Vorstadt, die Hochhaussiedlungen … wir haben gemeinsame Bezugspunkte, und auch wenn wir nicht genau dieselben Freunde besitzen, so finden sich doch immer irgendwelche freundschaftlichen Verbindungen: Jemand aus dem Freundeskreis des einen kennt jemanden aus dem Freundeskreis des anderen. Die Neuigkeiten verbreiten sich rasch, Klatsch und Tratsch genauso. Letztlich ist es eine kleine Welt. Vor allem für Yassine, der genau weiß, wie er an die Informationen gelangt, die er benötigt, wenn ihm einmal ein Gedanke durch den Kopf spukt.

Ich begegne ihm also hin und wieder, aber ich rede nicht mit ihm. Mehr und mehr zieht er mich jedoch in seinen Bann. Ich finde ihn hübsch, seinen Blick vergisst man nicht so schnell. Seine geschmeidigen, beinahe katzenhaften Bewegungen und seine Selbstsicherheit beeindrucken mich. Gleichzeitig stimmt mich sein Auftreten misstrauisch. Er ist einfach zu selbstsicher. Und außerdem ist da sein Ruf … »Yassine der Schreckliche«. Man erzählt sich so manches über ihn und seine Brüder. Yassine hat einen älteren Bruder, Stéphane, der im Grunde sein Halbbruder ist. Und außerdem einen jüngeren Bruder, Karim.

Man sagt Yassine nach, dass er mit seinem großen Bruder zu Strafaktionen ausschwärmt, wenn jemand ihnen nicht den gebührenden Respekt gezollt hat.

Ob es stimmt? Das lässt sich nicht herausfinden. Aber man munkelt es auf jeden Fall auf der Straße, und alle haben Respekt vor Yassine und Stéphane. Man nennt sie die »Daltons«. Als mir das alles zu Ohren kommt, nehme ich es relativ gleichgültig hin. Ich sage mir, dass vielleicht alles ein wenig übertrieben ist. Gleichzeitig weiß ich aber, dass Yassine sich zu verteidigen versteht … Letztlich denke ich jedoch nicht mehr an all diese Gerüchte, als ich ihm nun immer öfter begegne. Mehr noch, ich gewinne einen anderen Blick darauf. Zunächst einmal hat man die Dinge gewiss übertrieben: Je öfter Gerüchte weitergetragen werden, desto wilder werden sie. Am Ende steht dann das reinste Ammenmärchen. Außerdem habe ich ihn tief in meinem Innern wohl um diese Stärke beneidet, die er verströmt. Ich musste mich immer allein zurechtfinden, und oft hat mir jemand gefehlt, der mich hätte beschützen können. Und er, nun, er schien mir sehr stark zu sein.

Ich bin zwar noch mit Franck zusammen, aber unsere Beziehung läuft nicht mehr gut. Genauer gesagt, ich habe allmählich genug davon. Franck verbringt seine Tage auf dem Sofa. Er tut nichts, während ich in einem Restaurant arbeite.

Ich bin ihm begegnet, als ich fünfzehn Jahre alt war. Er ist sieben Jahre älter als ich. Franck war meine erste große Liebe. Jedenfalls bin ich wegen ihm von zu Hause ausgezogen. Ich war sehr jung und brannte darauf, die Leidenschaft kennenzulernen. Ich war bereit zu heiraten … die ganz große Nummer! Als Franck mich bat, mit ihm zu gehen, habe ich deshalb nicht gezögert! Ich wollte erwachsen sein, das Leben eines Erwachsenen führen. Ich dachte, dass ich meine Familie nicht mehr brauchen würde.

Die Beziehungen innerhalb meiner Familie sind nie einfach gewesen. Geldsorgen waren immer ein beherrschendes Thema. Meine Mutter arbeitete als Verwaltungsangestellte in einer Schule, und mein Vater war wie bereits erwähnt Musiker. Seine Einkünfte unregelmäßig. Ich erinnere mich noch gut, wie oft ich als Kind Abstriche machen musste und in frustrierende Situationen geriet. Die Scham war eine alte Bekannte. In der Schule vermied ich den Gang an die Tafel, wo es nur ging – auch wenn ich die Antwort wusste. Schließlich sollte niemand meine hässlichen No-Name-Schuhe sehen. In der Grundschule lief alles gut. Wir trugen Cordhosen und scheußliche Pullover, aber alle hatten das Gleiche an. Diese Äußerlichkeiten spielten keine Rolle. In der weiterführenden Schule ändert sich dann alles. Man wird gemustert, unsere Kleidung wird gewissermaßen auseinandergenommen und analysiert. Trägst du keine Nike-Schuhe oder nicht die angesagte Hosenmarke, wirst du auf der Stelle verortet. Du wirst Opfer von Mitleid, Spott und Hohn. Dein Schamgefühl keimt und gedeiht. Es ist schrecklich.

Ich entwickelte meine Techniken, um nicht weiter in diese Spirale hineinzugeraten. Ich lieh mir hier und da Klamotten aus, nur um nicht achtlos gekleidet herumzulaufen. Ich erinnere mich noch heute an mein erstes Paar Schuhe von Nike. Das bedeutete ein großes Glück für mich. Ich hegte und pflegte sie, um sie möglichst lange tragen zu können. Eine Schuluniform hätte mir wirklich viel erspart. Die vielen Augenblicke der Scham, die ich in meiner Kindheit erlebt habe, lassen mich heute voller Überzeugung für eine Schuluniform eintreten.

Mit dem Übergang in die weiterführende Schule verlor ich dann ganz allmählich den Anschluss. Die Beziehung zu meinem Vater war sehr schwierig, und etwa zu diesem Zeitpunkt machte ich auch eine Entdeckung, die mein Leben durcheinanderwirbeln sollte.

Wir hatten die Aufgabe erhalten, genealogische Nachforschungen über unsere Familien anzustellen. Ich begann, meinen Eltern viele Fragen zu stellen. Über ihre Eltern, ihre Großeltern … Warum habe ich das mit so großer Hartnäckigkeit betrieben? Vielleicht, weil ich spürte, dass sie bei ihren Antworten etwas zurückhielten. Dass sie um den heißen Brei herumredeten. Ich ließ nicht locker, und am Ende hatte ich begriffen, warum sie sich so schwertaten: Derjenige, den ich von Geburt an meinen Vater nannte, war gar nicht mein Vater. Als er meine Mutter kennenlernte, war sie bereits schwanger. Von einem anderen Ägypter. Ich bin also Halbägypterin, aber nicht so, wie ich es bis dahin glaubte. Derjenige, den ich von da an nur noch meinen »Stiefvater« nannte, wusste darüber Bescheid. Für ihn war es keine Neuigkeit. Für mich hingegen war es ein furchtbarer Schock. Gleichzeitig bedeutete es aber auch eine Erleichterung. Ich begriff jetzt, warum er sich mir gegenüber nie wie ein Vater verhalten hatte.

Ich beginne daraufhin, die Schule zu schwänzen, und gehe nur noch in den Unterricht, der mich interessiert. In der übrigen Zeit treibe ich mich herum, lebe mein Leben, hänge mit Freundinnen und Freunden auf der Straße ab. Vielleicht hatte man mich als Kind zu sehr zu Hause eingesperrt. Ich weiß es nicht, aber auf jeden Fall gewährt mir die weiterführende Schule nun einen Freiraum, den ich reichlich ausnutze.

Meine Mutter tobt. Es ist mir gleich.

Mein Stiefvater sagt nichts dazu.

Er hält sich die meiste Zeit hinter verschlossener Tür in seinem Zimmer auf. Da er nachts arbeitet, schläft er tagsüber viel.

Als ich noch kleiner war, untersagte er mir, nach draußen zu gehen. Abgesehen von der Schule, musste ich die ganze Zeit über zu Hause sein. »Du gehst nicht nach draußen, und mit einem Jungen schon gar nicht!« Einmal hat ein Schulkamerad bei uns geklingelt. Er war auf der Suche nach meiner Freundin Roseline. Mein Stiefvater sagte nur kurz angebunden: »Hier gibt es keine Roseline, und Morgane ist auch nicht da!« Als ich nach

Hause kam, hielt er mir eine ordentliche Strafpredigt. Und verpasste mir zwei Ohrfeigen. Es waren die einzigen, die ich je von ihm bekommen habe. Danach haben wir nicht mehr miteinander gesprochen. Ich hatte ihn ja ohnehin aus meinem Leben gestrichen.

Meine Mutter stand meinem Freiheitsdrang einigermaßen ohnmächtig gegenüber. Sie untersagte mir auszugehen, aber ich hatte meine Techniken, sie zum Nachgeben zu bewegen. Sie wollte, dass ich am schulfreien Nachmittag zu Hause bliebe. Alle paar Minuten bedrängte ich sie dann aufs Neue: »Ich will jetzt raus!«

»Nein! Du bleibst hier! Du gehst nicht raus!«

»Ich will raus, ich will nicht hier verschimmeln!«

»Nein, du bleibst hier!«

Ich ließ nie locker. Ich bettelte in einem fort, dass ich rauswolle, ohne ihr eine Atempause zu gönnen. Ich konnte den gleichen Satz hundertmal wiederholen, ohne müde zu werden. »Mama, kann ich raus? Mama, kann ich raus? Mama, kann ich raus? Mama kann ich raus? Mama, kann ich raus?«

Eine Endlosschleife.

Nach zwei Stunden gab sie notgedrungen klein bei.

»Hau ab! Verschwinde endlich!«

War sie bei der Arbeit, rief ich immer wieder an, um ihr den Kopf schwindlig zu reden. Ich war geradezu davon besessen davon, sie dazu zu bringen, ihr Verbot aufzuheben. Respekt war ein Fremdwort für mich. Ich war unausstehlich. Ich dachte einzig und allein an mich.

Mit dem Unterricht war es genauso. Nach der Mittelstufe wechselte ich auf eine Berufsschule für Rechnungswesen. Zahlen mochte ich sehr. Da war alles klar und logisch. In diesem Bereich zählte ich zu den Besten. In jeder Arbeit erreichte ich achtzehn oder neunzehn von zwanzig Punkten. Da ich mich auf mein Können verlassen konnte, trieb ich einen schwunghaften Handel damit: Ich verkaufte gute Noten an diejenigen, die welche benötigten. Es war ganz einfach. Da ich in höchstens zwanzig Minuten alle Aufgaben gelöst hatte, rechnete ich in der verbleibenden Zeit für eine Mitschülerin weiter. Mehr als fünfzehn Punkte garantierte ich jedoch nicht. Die beste Note wollte ich stets selbst haben. Das klappte immer, und ich verschaffte mir auf diesem Wege Taschengeld. Zehn Euro für fünfzehn Punkte, die Hälfte davon musste vor der Arbeit bezahlt werden, der Rest bei Erhalt der guten Note.

In den anderen Fächern war ich eine Niete. Ich bewegte mich im Bereich von zwei oder drei Punkten. Es interessierte mich einfach nicht, nicht das geringste bisschen. In meinen Zeugnissen standen Bemerkungen wie »Schade …« Aber damals, da sah ich keinen Sinn darin, mich für Fächer anzustrengen, die mir nichts bedeuteten.

Ich hatte meine Vorlieben. Vor allem die Musik. Fast zehn Jahre ging ich zur Musikschule, wo ich vor allem Geige spielte. Es lag irgendwie auf der Hand, denn zu Hause saß mein Stiefvater ständig am Klavier und komponierte oder spielte. Der Strenge und Genauigkeit, die das Spielen eines Instruments verlangt, konnte ich durchaus etwas abgewinnen, und natürlich genauso der Magie der Noten, die man spielt. Die Musik gehört zur Welt meiner Kindheit, denn zu Hause war immer Musik zu hören.

Und als ich kein Instrument mehr spielte, las ich. Schon als kleines Kind bedeuteten Bücher eine Zuflucht für mich. Sie boten mir die Möglichkeit, andere Welten und Lebensformen als meine eigene kennenzulernen. Sie gewährten einen Rückzugsort, der nur mir gehörte und an dem, wann immer ich es wollte, Welten in meinem Kopf erstanden, von denen niemand etwas wusste. Sogar im Unterricht träumte ich mich in diese Welten aus den Büchern, die so fern und vor allem fern der Schule waren. So bin ich immer gewesen: leidenschaftlich, aber manchmal auch starrköpfig.

Ich erinnere mich an ein Buch, das mich sehr beeindruckt hat: *Le jour du chien* von Caroline Lamarche. Ein Hund läuft allein und verlassen an der Autobahn entlang. Nach und nach halten ein paar Autofahrer an, und jeder wird mit seiner eigenen Geschichte konfrontiert. Ein einsamer Lastwagenfahrer, ein Priester, eine verliebte Frau, ein junger Homosexueller, eine Mutter mit ihrer Tochter … Die Begegnung mit dem herumirrenden Hund bringt alle dazu, darüber nachzudenken, wer sie sind und was sie suchen. Auch mich veranlasst dieses Buch zu existenziellen Grübeleien.

Ich bin in einem Alter, in dem man voller Ungeduld ist und Fragen über Fragen aufwirft.

Schon mit drei Jahren habe ich angefangen, Kurse in zeitgenössischem Tanz zu besuchen. Das habe ich fortgesetzt, bis ich siebzehn Jahre alt war. Ich mochte die Körperbeherrschung, die dieser Tanz erfordert, und zugleich das Gefühl der Befreiung, des Schwebens, der Körperlosigkeit, das eine Bewegungsabfolge hervorrufen kann, wenn man sich ihr ganz hingibt. Auch hier fand ich eine Möglichkeit, den Wirren des Alltaglebens zu entkommen. Ähnlich wie bei der Musik spielten auch hier Disziplin und Freiheit zugleich eine Rolle ...

Mit dreizehn oder vierzehn Jahren lebte ich bei meiner Großmutter, und an den Wochenenden war ich allein in ihrer Wohnung. Ich hatte dreißig oder vierzig Francs für die beiden Tage. Es war das reinste Fest. Wir trafen uns alle bei mir, wir waren frei. In diesem Alter bedeutet das unglaublich viel. Ein Vorgeschmack auf das Leben der Erwachsenen. Niemandem Rechenschaft ablegen müssen, das Beisammensein mit Freunden, ein wunderbares Leben ...

In dieser Zeit bin ich meiner ersten Liebe begegnet: Samuel.

Er besuchte für kurze Zeit unsere Schule, flog dort dann aber rasch wieder raus. Ich habe ihn durch Freunde kennengelernt. Es war Liebe auf den ersten

Blick. Damals bekannte ich mich sehr stark zu meiner muslimischen Herkunft. Ich war fast so weit, den Ramadan einzuhalten. Die Religion bot einen Weg, sich zu integrieren, einer Gruppe anzugehören – noch dazu der größten in der Hochhaussiedlung. Als Jugendlicher braucht man so etwas; jedenfalls war das bei mir so. Ich war Muslima, er war Jude. Diese verbotene Liebe beflügelte uns: Wir sind Gesetzlose, scheren uns nicht um Vorschriften. Wir fühlen uns stark zusammen, haben Spaß und machen viel Unsinn.

Das Ganze dauert acht Monate. Und dann, ganz plötzlich, verlässt er Frankreich mit seiner Familie und zieht in die Vereinigten Staaten. Lange Zeit werde ich nichts mehr von ihm hören.

Aber als ich dann wieder etwas höre, wird es mir das Leben retten.

3

Niemals wird mich jemand lieben wie er

Als ich Yassine kennenlernte, lebten Franck und ich bereits seit einiger Zeit bei meiner Großmutter. Meine Eltern waren umgezogen.

Zunächst hatten Franck und ich in einem kleinen Appartement in einer Siedlung für junge Arbeiter gewohnt. Das war ganz leicht gewesen, da Franck damals gerade eine Arbeit gefunden hatte, bei der er Bücher von Haustür zu Haustür verkaufte. Allerdings übte er diese Tätigkeit nur ein paar Monate aus, dann gab er alles wieder auf.

Ich habe nach der Berufsschule – wobei ich die Prüfung allerdings in den Sand setzte – sofort eine Arbeit in der Gastronomie gefunden. Das mochte ich sehr: Es ist immer irgendetwas los, man langweilt sich nie. Beim Bedienen bewegt man sich ein wenig wie auf einer Theaterbühne: Man spielt eine Rolle, und außerdem verdient man auch noch Geld dabei. Ich konnte endlich leben, wie ich wollte. Es lief gut, und Trinkgeld gab es noch dazu. Ich sagte mir: Meine Freundinnen, die geben Geld aus fürs Essen, und ich, ich bekomme nicht nur Speis und Trank bei der Arbeit, sondern werde obendrein auch noch bezahlt. Es war großartig.

Ich bediente in einem kleinen Restaurant im Pariser Geschäftsviertel La Défense. So hatte ich jedes Wochenende frei.

Ich arbeitete, wirtschaftete vernünftig und war nicht mehr von meinen Eltern abhängig: Endlich hatte ich, so sah ich es zumindest, jenes Erwachsenenalter erreicht, das ich schon seit so langer Zeit herbeisehnte. Ich konnte meine eigenen Entscheidungen treffen, mein Leben leben, meine Zukunft gestalten …

Während dieser Zeit lag Franck auf dem Sofa herum und ließ den lieben Gott einen guten Mann sein. Seine Trägheit brachte mich irgendwann zur Verzweiflung, aber es dauerte eine ganze Weile, bis ich tatsächlich an einen Punkt gelangte, an dem es kein Zurück mehr für mich gab.

Zunächst mussten wir unsere Wohnung räumen. Ich brachte jeden Monat das Geld für die Miete nach Hause, überließ es aber Franck, sie zu bezahlen. Eines Tages klingelte es an der Tür. Er war nicht da. Ich öffne: Muskelbepackte Gerichtsvollzieher stehen vor mir.

»Guten Tag. Wir kommen wegen der Räumung.«

»Wie bitte?«

»Nun ja, Sie haben Ihre Miete seit einem Jahr nicht mehr bezahlt.«

Ich hatte ihm stets das Geld gegeben, damit er die Überweisung tätigt. Und er hatte mir jedes Mal den Beleg der Überweisung präsentiert. Vertrauensselig hatte ich diesen natürlich nie überprüft.

»Aber nein, ich habe sie doch immer pünktlich bezahlt!«

Ich hole die Belege. Den Gerichtsvollziehern und
mir wird im selben Augenblick klar, dass ich mich habe
hereinlegen lassen. Die Männer haben Mitleid mit
mir. Deshalb machen sie Zugeständnisse: »In Ordnung. Wir kommen nächste Woche wieder. Jetzt, wo
Sie Bescheid wissen, müssen Sie aber zusehen, dass Sie
alles regeln und vor ihm draußen sind!«

Aber natürlich liebte ich ihn doch noch so, dass ich
ihm alles erzählte. Franck bat mich um Verzeihung,
und am Ende habe ich ihm verziehen. Schließlich
wollte ich ihm auch nicht schaden.

Seither habe ich mich oft gefragt, warum ich mich
den Männern gegenüber so verhalten habe: Ich war
stets bereit, alles zu entschuldigen, alles zu tun, um die
Beziehung zu retten. Vielleicht hat mir tatsächlich ein
Vater gefehlt, ein fester Halt. Als ich klein war, konnte
ich auf niemanden zählen, der mir geholfen oder mich
verteidigt hätte. So habe ich mich meinen Freunden
zugewandt und ihnen sicherlich zu schnell und zu
leicht meine Zuneigung geschenkt.

Nachdem Franck und ich unsere Wohnung verlassen hatten, blieben uns nicht viele Möglichkeiten. So
zogen wir zu meiner Großmutter. Auch dort tat er
nichts und nahm wieder seinen Platz auf dem Sofa ein.
Ich schämte mich vor meiner Großmutter für ihn. Sie
hat mir gegenüber nie irgendwelche Bemerkungen ge-

macht, aber bei ihm hielt sie sich nicht zurück. Sie schimpfte mit ihm: »Du solltest endlich aufstehen! Und arbeiten gehen!«

Irgendwann war meine Geduld am Ende. Ich konnte den Zustand einfach nicht mehr ertragen. Ich wartete, bis er zu einem Freund aufgebrochen war, und stellte all seine Habseligkeiten in den Flur. Als er wieder auftauchte, fragte er mich: »Was soll das denn?«

»Das sind deine Sachen. Nimm sie und verschwinde!«

Er fing an zu weinen wie ein Kind und drohte, dass er sich umbringe. Aber ich blieb hart. Ich rief seinen Vater an, um sicherzustellen, dass er eine Anlaufstelle finden würde. Trotz allem wollte ich nicht, dass er auf der Straße landete. Sein Vater erklärte sich damit einverstanden, ihn bei sich aufzunehmen, also sagte ich ihm, dass er dorthin gehen solle. Da brach er schließlich auf.

Was für ein Glück. Was für eine Erleichterung. Dieser Tag zählt zu den schönsten in meinem Leben.

Wie auch jener, an dem ich Yassine verließ.

Ich brauchte einige Zeit, um zu erkennen, dass Franck tatsächlich ein besonderer Fall war. Zunächst einmal störte es ihn nicht, dass ich ihn aushielt. Ich kaufte ihm seine Videospiele, die neueste Spielkonsole … Er aber schenkte mir nie etwas. Zu meinen Geburtstagen staubte er Geschenkpackungen von Yves Rocher bei seiner Großmutter ab, die er dann mir auftischte.

Gebildet war er – und das mochte ich tatsächlich an ihm. Wir führten immer wieder sehr ergiebige Gespräche über Geschichte, Politik oder Bücher. Er besaß eine Neugier auf alle möglichen Themen, die mir guttat. Aber ich bemerkte sehr schnell, dass er sein Wissen dazu benutzte, mich ständig herabzusetzen. Im Grunde war er sehr zufrieden damit, eine deutlich jüngere Freundin zu haben, weil er glaubte, mich formen zu können. Aber das hat nicht geklappt …

Yassine erfuhr ganz zufällig davon, dass ich nicht mehr mit Franck zusammen war. Von diesem Augenblick an ließ er nicht mehr locker. Immer wieder kam er darauf zurück: »Ich bin wie du.«

Eines Abends waren wir uns bei Francks jüngerem Bruder begegnet, bei dem ich hin und wieder übernachtete, denn er wohnte in der Nähe meiner Arbeitsstätte. Als alle spätabends aufbrachen, bat Yassine ihn, dort schlafen zu dürfen, weil er zu betrunken sei. Er sah, dass ich ebenfalls dort blieb, und daraus schloss er, dass ich nicht mehr mit Franck zusammen war.

Er selbst wohnte ziemlich weit draußen im westlichen Vorstadtgürtel, beinahe hundert Kilometer von meinem Wohnort entfernt, nun aber stand er sich jeden Abend vor der Wohnung meiner Großmutter die Beine in den Bauch. Jeden Abend.

Ich sah ihn jetzt also häufiger.

Er pfeift unten auf der Straße vor meinem Fenster, er ruft mich auf meinem Handy an. Ich nehme das Gespräch nicht immer an. Ich bin geschmeichelt, aber ich finde auch, dass es zu viel des Guten ist. Einfach übertrieben … Dann sage ich mir wieder, dass dieses Übermaß beweist, dass er mich wirklich liebt und bereit ist, mir nach allen Regeln der Kunst den Hof zu machen. Nicht wie diese Typen, die gleich am ersten Abend Nägel mit Köpfen machen wollen.

Meine romantische Ader erwacht. Ich liebe sein eifriges Werben um mich, seine Beharrlichkeit trotz meiner abweisenden Haltung. Einmal komme ich nach Hause, und da trinkt er tatsächlich gerade einen Kaffee mit meiner Großmutter. Sie hat seinen Anruf entgegengenommen, und ihm war es gelungen, sich bei ihr einzuschmeicheln. Dabei lässt sich meine Großmutter wahrlich nicht so leicht einwickeln. Aber er versteht es, die richtigen Worte zu finden.

Mir gegenüber äußert er sich ganz direkt: »Deine Arbeit ist mies! Ich sehe genau, wie dich den ganzen Tag über irgendwelche Typen anbaggern! Komm mit mir in mein Dorf … Da wirst du glücklich sein, du wirst schon sehen! Ich werde mich um dich kümmern!«

Ich arbeitete damals bei der Restaurantkette *Hippopotamus*. Unsere Filiale besaß eine große Fensterfront zur Straße hin. Yassine hatte es sich zur Gewohnheit gemacht, im Café auf der anderen Straßenseite Platz zu nehmen und mich zu beobachten. Das bemerkte ich natürlich nicht, da ich immer sehr viel zu tun hatte. Bei *Hippopotamus* gibt es gleich bei der Einstellung ganz klare Vorschriften: Man muss immer einen Rock tragen, Make-up ist ebenso Pflicht wie das Tragen von Schmuck. Das äußere Erscheinungsbild ist wichtig, denn Zielgruppe ist ein vor allem männliches Publikum. Als Yassine mir nun solche Dinge sagt, weiß ich, dass er recht hat. Auf jeden Fall jagen mir seine Äußerungen keinen Schrecken ein. Sie passen vielmehr zu seinem auch sonst sehr ritterlichen Verhalten, und das verfehlt seine Wirkung bei mir nicht: Ich fühle mich geschmeichelt. Dieser Mann achtet auf alles, was mich betrifft.

Ganz allmählich wachsen meine Gefühle für ihn. Er drängt sich immer mehr in den Vordergrund. Er betont unsere gemeinsame Herkunft, ich spüre seine beschützende Fürsorge, nach der ich mich immer so gesehnt habe, und genieße seine Art, mich auf einen Sockel zu heben. Außerdem beteuert er immer wieder, wie schön er mich finde, er hört mir zu wie jemandem, der etwas zu sagen hat und auf dessen Meinung er etwas hält. Ich bin in seinen Augen etwas Besonderes, und nach und nach wird er das auch für mich. Ich mag es, wenn sein Blick auf mir ruht, wenn ich seine Bewunderung spüre, mit einem Wort, wenn ich seine Liebe wahrnehme. Im Grunde ist es sein Werben um mich, das ich mag. Ich bin eine Prinzessin in ihrem hohen Turm, und bald werde ich herabsteigen und dem Gesang meines Ritters erliegen. Die vielen Bücher, die ich gelesen habe, und meine romantische Ader führen dazu, dass ich mich auf dieses vielversprechende Abenteuer einlasse.

Eine der vielen krummen Geschichten aus unserer Vorstadtsiedlung wird mich schließlich dazu bringen, meinen Wohnort zu verlassen. Ein paar Jahre zuvor war ein Motorrad im Viertel gestohlen worden. Niemand wusste, wer es getan hatte. Außer Franck. Er kannte die Wahrheit, er wusste, dass ein Freund von mir für die Tat verantwortlich war. Als ich ihn verließ, hat er aus Rache alles erzählt. Rasch kochten Spannungen hoch. Ich habe meinen Freund aufgesucht.

»Sie wissen, dass du es warst: Entweder du bezahlst die Maschine, oder es wird eng für dich. Du kannst von Glück reden, dass ich aus der Siedlung stamme. Wenn du bezahlst, geschieht dir nichts …«

Dieses Motorrad kostete tausend Euro. Mein Freund wollte nichts davon hören. Um das Ganze aus der Welt zu schaffen, habe ich am Ende selbst alles bezahlt. Aber die Stimmung war nun vergiftet. Und die Tatsache, dass ich bezahlt hatte, warf auch ein schlechtes Licht auf mich.

Yassine trat mir gegenüber immer beharrlicher auf. Er beschrieb mir unser zukünftiges Leben wie einen Traum. In seinem Kopf hatte er schon alles geplant.

Da ging ich mit ihm fort.

Das war im Mai des Jahres 2007.

Yassine wohnte auf dem Hof seines Vaters und seiner Stiefmutter Malika. Meine Ankunft bei ihnen stimmte sie überglücklich. Sie dachten, dass ich einen guten

Einfluss auf Yassine haben, dass er ruhiger werden und weniger Dummheiten machen würde. Ab Oktober hatte seine Stiefmutter eine Wohnung für uns gefunden, nur ein paar Kilometer vom Hof entfernt. Ich holte all meine Sachen bei meiner Großmutter ab. Es war der Anfang eines neuen Lebens …

Wir lebten in einer angenehmen Gegend, besaßen eine hübsche Wohnung in einem friedlichen Umfeld. Wir führten das ganz normale Leben eines jungen Paares. Genau von einer solchen Familie hatte ich immer geträumt.

Yassine arbeitet nicht. Er ist derjenige, der sich um das Haus kümmert. Er macht alles, außer der Wäsche – und das gefällt mir auch wirklich ziemlich gut. Wenn ich nach Hause komme, ist alles wunderbar aufgeräumt. Bevor er mich abholt, wischt er den Boden, damit es bei unserer Ankunft frisch riecht. Jeden Tag. Er bereitet auch die Mahlzeiten vor, und zwar mit einer Sorgfalt und Mühe, die mich beeindrucken. Alles muss vollkommen sein: Es muss nicht nur gut sein, sondern auch hübsch angerichtet und schön dekoriert. Er findet schnell heraus, was ich mag und was nicht. Er macht alles richtig. Er weiß, welches Gericht er kochen und welchen Kuchen er kaufen soll.

Von Anfang an hat er auf meinen Geschmack geachtet. Als wir noch gar nicht zusammen waren, hat er mir einmal ein Feuerzeug gekauft und gesagt: »Hier, ich habe gesehen, dass du keines mehr hast. Ich habe ein violettes gekauft. Das ist doch eine Farbe, die du magst ...«

So verhält sich Yassine den Menschen gegenüber. Zumindest jenen gegenüber, die ihn interessieren. Er ist sehr aufmerksam und zuvorkommend. Jede Kleinigkeit bemerkt er. Mit der Art, wie er die anderen einzuschätzen vermag, beeindruckt Yassine sein Umfeld sehr.

Mit der Zeit kennt er mich nun immer besser und beginnt vorauszusehen, was ich empfinden werde. Er braucht nur einen Blick auf mich zu werfen und weiß bereits, wie ich mich fühle. Ob ich Hunger habe oder ob mir kalt ist. Er achtet stets darauf, dass ich mich nach der Arbeit gut fühle. Ich entspanne mich. Er hat alles aufgeräumt, das Abendessen zubereitet, meine Coca-Cola kaltgestellt. Seine Art, alles für mich zu tun, hinterlässt großen Eindruck bei mir.

Außerdem bringt er mir im Beisein seiner Freunde immer größte Wertschätzung entgegen. Wenn ich etwas sage, hört er mir zu und schenkt mir Vertrauen.

Yassine hat mich überall vorgestellt. Wir sind durch die Cafés gezogen, und immer, wenn er einen Bekannten traf, sagte er: »Das ist Morgane, meine Frau. Niemand macht sie an! Wenn sie irgendwelchen Ärger hat, dann seid ihr für sie da, kapiert?!«

Mein erster Reflex auf derartige Sprüche war Scham. Ich kam mir wie ein kleines Kind vor, eine Minderjährige, auf die man aufpassen muss. Aber gleichzeitig fand ich es auch gut. Wow, unglaublich, wie er mich beschützt! Mit ihm habe ich nichts zu befürchten. Es wirkt beinahe so, als wäre er allmächtig. Er braucht nur etwas anzuordnen, schon gehorcht man ihm. Einer seiner Lieblingssätze lautet: »Ich heiße Yassine X, und ich habe vor niemandem Angst.« Wenn er Ärger hat, zögert er nicht damit, seine Adresse anzugeben. Ja, er hat wirklich vor niemandem Angst.

Und jetzt, da kümmert er sich um mich.

Ich sage mir, dass ich niemals jemanden finden werde, der mich so liebt wie er.

4

Verwandte Seelen

Als ich Yassines Vater begegne, nimmt er mich mit offenen Armen auf. Yassine stellt mich als Halbägypterin vor, und das ist für ihn sehr wichtig. Außerdem habe ich Arbeit, wirke seriös und mache einen guten Eindruck. Offenbar bin ich ein ganz anderer Typ als die Mädchen, die Yassine bisher mitgebracht hat. Er ist stolz, sich mit mir zu zeigen.

Sein Vater ist bereit, ihm dabei zu helfen, sein Leben zu ordnen und in ruhigere Bahnen zu lenken. Deshalb hat er auch Malika gebeten, in der Nähe eine Wohnung für uns zu suchen. So gelingt es ihm bei aller Unterstützung gleichzeitig, sich seinen Sohn etwas vom Leib zu halten. Er empfindet seine Anwesenheit oft als aufdringlich, was ich später sehr gut verstehen werde.

Er ist zufrieden, dass jemand ihn ablöst.

Unsere Familien stammen aus demselben Viertel in Kairo. Sie kennen sich zwar nicht, aber meine Familie genießt dort ein gewisses Ansehen. Mein »Großvater«, der auch Musiker ist, hat Filmmusik komponiert, und der Bruder meines »Vaters« ist Schauspieler. Das sind Dinge, die für den Vater von Yassine viel zählen.

Manchmal nimmt er uns zu Geschäftsessen mit. Jedes Mal sagt er dann zu seinem Sohn: »Du hältst den Mund. Wenn man Fragen stellt, dann soll Morgane antworten!«

»Hast du das verstanden, Morgane? Du bist diejenige, die spricht!«

Ich kenne nicht einmal den wirklichen Grund, warum wir bei solchen Gesprächen dabei sein sollen. Vielleicht einfach nur, um als Familie aufzutreten. Meistens finden die Mahlzeiten in großen Restaurants oder großen Hotels statt, in denen Yassines Vater seine Geschäfte macht. Yassine kennt dieses Umfeld. Für mich ist das alles vollkommen neu.

Trotz seines Charakters wurde Yassine von seinem Vater immer sehr verwöhnt. Seine Mutter, so hat es zumindest den Anschein, war hingegen mit dem Kleinen nachsichtiger als mit ihm. So, wie sie es mir erzählt hat, war Yassine immer schon ein sehr schwieriger Junge. Als Baby weinte er unaufhörlich. Insgesamt kann man sagen, dass seine Mutter recht streng mit ihm war, während sein Vater ihm alles nachsah. Er wollte ganz einfach den Streitereien mit seinem Sohn aus dem Weg gehen. Mittel zum Zweck waren in dieser Hinsicht meist Geschenke. »Hier, schau mal, mein Kleiner. Nun mach schon, geh spielen …«

Den Erzählungen zufolge herrschte keine sehr friedvolle Atmosphäre im Haus. Der ältere Bruder Yassines, Stéphane, stammt aus der ersten Ehe seiner Mutter und war eifersüchtig auf seine Brüder. Er war gewalttätig, ganz besonders Yassine gegenüber. Stéphane hatte keinen Vater mehr, und seine Brüder wurden von dem ihren nach Strich und Faden verwöhnt. Der Mutter rutschte leicht die Hand aus, der Vater konnte sehr aufbrausend sein – einmal hat er seinen jüngeren Sohn aus dem Fenster geworfen –, und die Brüder machten sich ein grobes Verhalten untereinander zu eigen.

Als Yassine fünfzehn Jahre alt war, schickte seine Mutter ihn nach Ägypten zu seinem Vater, zu dem er aufgrund der Scheidung seiner Eltern nicht mehr viel Kontakt hatte. Dort führte er ein fürstliches Leben. Er war mit den Söhnen des Botschafters befreundet und wurde von einem Chauffeur zur Schule gefahren. So konnte er eine Weile von der Bildfläche verschwinden und geriet samt seiner Machenschaften ein wenig in Vergessenheit.

Im Grunde haben sowohl seine Mutter als auch sein Vater immer wieder versucht, ihn unter die Haube zu bringen, um ihn gewissermaßen zu neutralisieren. Mit mir, so dachten sie, würde das nun endlich gelingen.

Als wir in das kleine Nachbardorf zogen, war ich in einer Brasserie in der nächstgrößeren Stadt angestellt. Das währte jedoch nicht lange.

Eines Abends kam ich nach einem anstrengenden Tag müde und ein wenig genervt nach Hause. Ich ließ Yassine gegenüber fallen: »Oh, Mann! Heute hat mich meine Chefin ganz schön zugedröhnt!«

Ein leichthin geäußerter Satz von mir, für ihn jedoch Anlass genug auszuschwärmen.

Yassine stand auf und ließ verlauten: »Ich geh noch mal raus.«

Als er kurz darauf zurückkam, wirkte er höchst zufrieden mit sich.

»So, das wäre geschafft. Deine Chefin, die wird dich nicht mehr ärgern.«

Daraufhin wollte ich wissen: »Aber was hast du denn getan? Sag schon! Was hast du mit ihr gemacht?«

»Meine Frau wird von niemandem geärgert, und niemand spricht sie blöd an. Du bist die Beste, du leistest gute Arbeit, da braucht dich niemand blöd anzumachen. Mach dir keine Sorgen, sie wird dich nicht mehr nerven.«

Wie habe ich mich geschämt! Ich wollte nicht mehr dorthin zurückkehren. Aber ich bin dann doch hingegangen. Meine Chefin nahm mich beiseite.

»Entweder Sie verlassen diesen Typen, und ich helfe Ihnen dabei, eine Unterkunft zu finden, oder Sie bleiben bei ihm, und wir verabschieden uns voneinander!«

Ich habe meine Arbeit aufgegeben. Ich habe nicht begriffen, warum sie so mit mir redete, warum sie mir diese Worte so direkt, so brutal ins Gesicht sagte. Ein leichter Zweifel beschlich mich zwar, und ich dachte im Stillen, dass Yassine ein wenig zu weit gegangen war, aber die Wahl, vor die sie mich stellte, war zu krass. Außerdem hatte er mich schließlich verteidigt. Und zwar ohne jedes Zögern. Das war mir in meinem bisherigen Leben noch nicht allzu oft zuteilgeworden.

Ich habe dann sofort eine neue Anstellung gefunden. Das war auch eine von Yassines »Heldentaten«. Er war bei einer Zeitarbeitsfirma gemeldet und schleppte mich mit in deren Niederlassung. Er betrat die Räume und sagte nur: »Ich brauche eine Arbeit für meine Frau. Und zwar auf der Stelle!«

Dabei befand ich mich nicht einmal im Register dieser Agentur. Aber er fing an, herumzumeckern und wie ein Verrückter nachzubohren. Also fanden sie noch am selben Tag etwas für mich. Wenn ich heute daran zurückdenke, glaube ich, sie wollten ihn einfach loswerden. Sie spürten, dass es das Einfachste wäre, seiner Forderung nachzukommen.

Meine neue Anstellung war in einer Bäckerei. Das war weitaus weniger angenehm als in der Brasserie. Der Chef war ziemlich zudringlich. Anzügliche Witze waren an der Tagesordnung. Es war einfach nur anstrengend. Aber Yassine gegenüber hielt ich den Mund … ich wollte nicht schon wieder einen Skandal riskieren.

Da ich keinen Führerschein habe, holte Yassine mich von der Arbeit ab. Er sagte immer: »Es kommt nicht infrage, dass du dich in den Bus mühst. Ich hole dich ab!«

Ganz der charmante Prinz.

Mit ihm hatte ich das Gefühl, dass mir nichts passieren konnte, dass er für alles eine Lösung fand. Im Vergleich zu meiner Beziehung mit Franck war es ein Unterschied wie Tag und Nacht. Er war aktiv, und wir redeten gemeinsam über viele Dinge. Er versuchte nie, mich auf intellektueller Ebene abzukanzeln. Im Gegenteil, er hörte mir zu, und ich spürte, dass er meine Meinung schätzte.

Wir lernten uns immer besser kennen, und in vielen Dingen brachten wir Verständnis füreinander auf oder waren einer Meinung. Je mehr Zeit verging, desto mehr kam es mir so vor, als wüsste ich, was er dachte, ohne dass er es überhaupt noch äußern musste. Als fühlte ich, was er fühlte. Und umgekehrt war es auf seiner Seite genauso. Wir sahen uns als verwandte Seelen, wie wir uns mit einem Lächeln auf den Lippen gestanden. Es war, als hätte das Schicksal uns füreinander auserkoren. Als hätten wir immer schon aufeinander gewartet. Als hätte es gar nicht anders kommen können.

Für uns war die Tatsache, dass wir beide Franko-Ägypter waren, alles andere als nebensächlich. Es bedeutete, dass wir genau die gleichen Erfahrungen machten, was die Integration anging: Beide mussten wir uns mit den Vorstellungen zweier Kulturen auseinandersetzen. Jeder von uns hatte eine Großmutter, die Schweinefleisch aß. Wir wussten, was unterschwelliger

Rassismus ist, der gar nicht offen zutage treten muss. Ich habe einen französischen Vornamen. Wenn ich mich einfach nur als Morgane vorstelle, klappt das ganz gut, aber sobald ich meinen vollen Namen nenne, spüre ich Vorbehalte. Bei Yassine ist es noch schlimmer. Sobald er seinen Vornamen nennt, wird er in eine Schublade gesteckt.

Ja, es stimmt, dass Yassine manchmal hart mir gegenüber war, ja, es stimmt auch, dass wir heftige Streitgespräche hatten, aber es gab zugleich sehr schnell dieses enge Band zwischen uns. Und Yassine konnte sehr zuvorkommend sein. Das beeindruckte mich immer wieder.

Bei ihm war ich nicht ein viel zu junges Mädchen, das bewundernd zu seinem »Mann« aufschauen muss.

Ich war eine Frau auf Augenhöhe mit ihrem Lebensgefährten, deren Meinung etwas zählt.

5

»Du warst nicht nett ...«

»Mach schon, bring mir mein Frühstück!«

»Ist ja gut, Yassine, ich muss mich fertig machen. Ich habe keine Zeit.«

»Ach, das dauert doch nur zwei Minuten!«

Ich bin heute Morgen ein bisschen später aufgestanden als sonst, und jetzt muss ich mich beeilen, um meinen Bus noch zu bekommen. Manchmal bringe ich ihm sein Tablett, aber jetzt bleibt mir wirklich keine Zeit dazu.

Wie jeden Tag muss Yassine mich mittags abholen. Ich habe eine sehr lange Mittagspause, von 12.30 bis 16 Uhr. Der Bus fährt nur recht selten, und mit öffentlichen Verkehrsmitteln schaffe ich es mittags nicht nach Hause. Yassine braucht hingegen nur zehn Minuten für den Weg, und so haben wir Zeit, in Ruhe zusammen zu Mittag zu essen.

Nach meinem Vormittag in der Bäckerei sehne ich diese Pause herbei. Die sexistischen Bemerkungen meines Chefs häufen sich und öden mich an.

Ich warte, aber Yassine ist nicht in Sicht ...

»Hallo! Yassine? Wo bist du denn?«

»Du warst heute Morgen alles andere als nett zu mir. Ich hole dich nicht ab.«

»Yassine, du kannst mich doch hier nicht so hängen lassen ... du weißt, dass ich es allein nicht nach Hause schaffe ...«

»Das hättest du dir früher überlegen sollen. Ich komme jedenfalls nicht.«

Er legt auf. Jetzt muss ich die dreieinhalb Stunden Pause hier in der Stadt herumbringen. Als Mittagsmahlzeit habe ich lediglich ein Sandwich dabei.

Ich war also heute Morgen nicht »nett«. Yassine hat manchmal eine Art, Dinge zu sagen, die seltsam anmutet, beinahe etwas kindlich. Ich bin stinksauer, dass er mich so versetzt, aber seltsamerweise keimt in meinem Hirn ein gewisses Schuldgefühl: Ich hätte ihm sein Tablett bringen können ... Das wäre doch nicht so schwer gewesen ... Es scheint eben wirklich wichtig für ihn zu sein ... Es stimmt ja auch, dass er eine ganze Reihe von Dingen im Haushalt erledigt ... Im Grunde stimmt es schon, dass mich diese kleine Anstrengung nicht sonderlich viel Mühe gekostet hätte.

Wenn man so herumhängt, hat man genug Zeit, um ins Grübeln zu geraten. Ich denke über unser Leben nach: Wir sind im Dorf gut angesehen. Yassine ist freundlich zu den Leuten, wir sind das perfekte »junge Pärchen«, ja, wir sind wohlgelitten.

Am späten Nachmittag, kurz bevor wir schließen, kaufe ich zwei Stücke Kuchen, die noch in der Theke stehen. Erdbeertörtchen. Ich mag sie sehr. Und Yassine auch. Es wird ihm gefallen.

Seine Wut ist offenbar verraucht, denn er steht vor der Tür. Er lächelt mich an, ich steige ins Auto, und wir fahren los. Die Törtchen stehen auf meinem Schoß.

Es ist heiß, die Fenster sind offen. Plötzlich greift er nach einem Törtchen und wirft es zum Fenster hinaus.

Bevor ich reagieren kann, schnappt er auch das zweite und wirft es ebenfalls hinaus. Einfach so. Mit einem spöttischen Gesichtsausdruck.

»Du warst wirklich nicht nett heute Morgen! Das ist die Strafe dafür! Ich bin heute Mittag nicht gekommen, weil ich dich bestrafen musste! Und für deine Törtchen gilt das Gleiche! Du musst bestraft werden!«

Ich bringe vor lauter Überraschung keinen Ton heraus. Er sagt das so, als mache er einen Witz, aber ich bin angewidert von seinem Verhalten. Meine schönen Törtchen! Gleichzeitig erinnere ich mich an meine Schuldgefühle während der Mittagspause und begehre nicht wirklich gegen ihn auf. Ich lasse ihn lediglich links liegen und greife die ganze Sache nicht mehr auf. Ich will nur noch eines: Alles soll sich wieder einrenken. Ich rede mir selbst ein, dass es sich nur um eine kleine vorübergehende Missstimmung handelt. Ein Streit zwischen Verliebten.

Kleinere Krisen wie diese hatten wir schon mehrere.

Und letztlich sieht das Leben als Paar doch genauso aus, oder etwa nicht?

6

Was hat er für eine Laune?

In den folgenden Monaten häufen sich die Spannungen zwischen uns. Bald weiß ich nicht mehr, wie der Tag mit Yassine verlaufen wird. Bald kann ich nicht mehr abschätzen, wie seine Laune heute aussehen wird. Er kann bereits bei einer Kleinigkeit, die ich nicht einmal bemerkt habe, ein schiefes Gesicht ziehen.

Und er hat mittlerweile diesen Reflex ausgebildet, mich zu bestrafen.

Ich erwäge, mir einen Motorroller zu kaufen, um mit Blick auf den Heimweg nicht noch einmal in die Klemme zu geraten, aber Yassine lehnt es ab. Zu gefährlich. Sogar sein Vater mischt sich ein. »Die Kleine (so nennt er mich) soll nicht mit dem Roller fahren, das ist zu gefährlich und kommt überhaupt nicht infrage.« Wenn der Vater das so sagt, dann brauche ich mein Ansinnen nicht weiter zu verfolgen. Aber ich hadere nicht wegen seiner Einmischung. In dieser Familie finde ich jenen Schutz, den ich bei mir zu Hause nie bekommen habe. Zumindest sehe ich das anfangs so.

In einer plötzlichen Anwandlung beschließe ich im Sommer 2007 dennoch, alles hinter mir zu lassen. Ohne Überlegung, gerade so, als verspürte ich eine innere Notwendigkeit, einen inneren Drang. Ich suche Zuflucht bei einer Freundin, Nathalie, die ich noch von der Schule her kenne. Zwei oder drei Wochen lang ruft mich Yassine unzählige Male an. Manchmal nehme ich ab, manchmal auch nicht. Er findet herzzerreißende Worte und fleht mich an zurückzukehren. Er schwört, dass er sich ändern werde und dass er begriffen habe, warum ich gegangen sei. Er gibt zu — so seine Worte —, dass er ein wenig »anmaßend« sei. »Wir werden noch einmal ganz von vorn anfangen«, wiederholt er immer wieder. Er beteuert auch, wie schön, wie intelligent er mich finde. Dass er für immer mit mir zusammen sein wolle. Dass ich die Frau seines Lebens sei. Dass wir uns so gut verstünden wie sonst niemand.

Es fällt mir schwer, solchen Liebeserklärungen zu widerstehen. Trotz des Bedürfnisses zu fliehen, dem ich schließlich ja nachgegeben habe, sind meine Gefühle für ihn keineswegs erloschen. Yassine entwickelt verblüffende Überzeugungskünste. Er lässt einfach nicht locker. Immer und überall ruft er mich an, er fleht und macht Versprechungen. Er erträgt es nicht, dass man ihm etwas abschlägt. Hartnäckig beißt er sich fest, bis er bekommt, was er haben will. Manchmal mag das nützlich sein. Für mich war es eine Katastrophe. Denn trotz seines Charakters, trotz der »Bestrafungen« bin ich noch in ihn verliebt. Nie habe ich mich jemandem so nah gefühlt. Tief in meinem Herzen wünsche ich mir nur das Eine: dass unsere Geschichte weitergeht und gut endet. Ich will an die glücklichen Augenblicke anknüpfen, die wir zusammen erlebt haben.

Im August 2007 kehre ich also zu ihm zurück. Voller Hoffnung. Aber auch voller Befürchtungen. Und ich brauche nicht lange auf einen furchtbaren Ausbruch von Gewalt zu warten. An jenem Abend essen wir bei einem seiner Freunde. Die beiden machen sich auf den Weg, um Pizza zu holen, und als sie zurückkommen, geht Yassine auf mich los und beginnt, mich zu würgen. Einfach so, ohne jedes Vorzeichen. Ich ringe nach Luft und kriege rasch keinen Ton mehr heraus. Zum Glück geht sein Freund dazwischen.

»Yassine, hör auf damit, lass sie zumindest etwas dazu sagen!«

Es gelingt ihm, Yassine zu umklammern, und ich begreife allmählich, was ihn so zur Raserei getrieben hat.

Ein Gerücht ist ihm zu Ohren gekommen. Franck, der noch immer nicht überwunden hat, dass ich ihn verlassen habe – und noch lange dafür brauchen wird –, hat unschöne Dinge über mich in Umlauf gebracht. Er erzählt überall, dass ich immer noch mit ihm ins Bett gehe, dass wir uns am Seine-Ufer in Paris träfen. Er hat seine Gesprächspartner geschickt so ausgewählt, dass die Information über kurz oder lang auch zu Yassine gelangen musste. Jetzt hat es funktioniert.

Ich antworte Yassine: »Der ist ja krank! Niemals im Leben! Wir haben schon nicht mehr miteinander geschlafen, als wir noch zusammen waren, und da glaubst du, dass ich jetzt mit ihm an der Seine entlangschlendere?«

Ich habe Glück, Yassine glaubt mir. Mit einem Schlag richtet sich seine ganze Wut gegen Franck. Er fackelt nicht lange, und wir brechen nach Seine-et-Marne auf. Da Yassine dort aufgewachsen ist, hat er noch Bekannte in den Siedlungen. Viele Bekannte, wie ich später bemerken werde.

Wir fahren herum und suchen nach Franck. Aber er muss gewarnt worden sein, denn er ist nicht zu finden. Er hat seine Wohnung und seine Arbeit aufgegeben. Niemand weiß, wo er steckt. Ich vermute, dass er bei seiner Mutter im Süden Frankreichs ist, sage es aber nicht. Ich wage nicht, mir vorzustellen, was passiert, wenn Yassine ihn in die Finger bekommt.

Als ich sehe, wie Yassine das ganze Gebiet geradezu umpflügt und nichts unversucht lässt, um seiner habhaft zu werden, bin ich beeindruckt. Er setzt Himmel und Hölle in Bewegung, und ich sehe das als einen erneuten Beweis seiner außergewöhnlichen Liebe zu mir. Dieser Typ ist verrückt. Ein Verrückter, der tatsächlich mit jedem bekannt ist. Das macht gleichzeitig auch ein wenig Angst, da er Tod und Teufel kennt. Wir begegnen den unterschiedlichsten Typen. Wir treffen uns mit Zigeunern, Kleinkriminellen aus den Siedlungen, Franzosen der Mittelschicht und Spießbürgern. Überall, wo Yassine einmal war, ist er extrem vernetzt. Er gibt Anweisungen: Wenn Franck wieder auftauche, wolle er auf der Stelle benachrichtigt werden.

Allmählich schwant mir, dass nichts und niemand ihm etwas anhaben kann, dass er unbesiegbar ist. Dass er zu allem fähig ist. Das erschreckt und fasziniert mich gleichermaßen. Es ist ein unauflösbares Gefühlsgemenge, das mich fest im Griff hat.

Ich weiß es noch nicht, aber ich stehe vollkommen unter seinem Einfluss.

7

»Du bist diejenige, die entscheidet ...«

Mit der Arbeit in der Boulangerie habe ich schließlich
aufgehört. Ich konnte die Zudringlichkeit meines
Chefs wirklich nicht mehr ertragen. Hinzukamen der
umständliche Weg und die ewig lange Mittagspause
von dreieinhalb Stunden. Damals hatte Yassine immer
noch keine Arbeit, zumindest nicht offiziell, aber er
besaß ein Händchen dafür, Geld aufzutreiben. Zum
Beispiel kaufte er Motorräder oder Autos zu sagenhaft
günstigen Preisen, um sie dann gewinnbringend wei-
terzuverkaufen. Oder er schlachtete alle möglichen
Altgeräte aus und sammelte die Metallteile, derer er
habhaft werden konnte. Ich erinnere mich, wie wir gemeinsam stundenlang alte Elektrokabel freilegten.

Was die Finanzen anging, so lief es also gar nicht so
schlecht. Deshalb sagte ich mir, dass ich, genau wie er,
meine Arbeit auch aufgeben konnte.

Eines Tages verkündete ich Yassine: »Weißt du was,
ich glaube, ich werde mit der Arbeit aufhören ...«

»Ach ja? Aber warum denn?«

Zunächst war er nicht gerade begeistert von meinem
Entschluss. Aber ich wusste, wie ich ihn überzeugen
konnte.

»Nun, mein Chef ist ziemlich zudringlich geworden. Mittlerweile redet er die ganze Zeit von Sex. Immerzu macht er Anspielungen, verstehst du …«

»Recht hast du. Hör sofort auf, dort zu arbeiten.«

So blieb ich von jetzt an zu Hause.

Eines Abends holen ihn Kumpel ab, um gemeinsam um die Häuser zu ziehen. An und für sich ist das ja nichts allzu Schlimmes – sie haben vor, im Außenpool eines Hauses schwimmen zu gehen, das sie kennen und dessen Besitzer im Urlaub sind –, aber ich habe das untrügliche Gefühl, dass sie sich Ärger einhandeln werden. Deshalb gehe ich rasch wortlos nach oben, um ihm ein Paar Strümpfe und eine Boxer-Short zu holen. Diese Vorkehrungen trifft Yassine immer, wenn er das Gefühl hat, er könne in Schwierigkeiten geraten und verhaftet werden. Er zieht zwei Garnituren Unterwäsche übereinander an, damit er auch am zweiten Tag noch frische Wäsche hat. Als er mich mit seinen Sachen die Treppe herunterkommen sieht, ist ihm sofort klar, was ich denke. Und er macht seinen Kumpeln klar: »Nein, ich komme nicht mit. Meine Frau hält das Ganze für keine gute Idee. Man wird uns erwischen. Ich komme nicht mit.«

Und seine Kumpel werden an diesem Tag tatsächlich erwischt. Deshalb hört er dann noch mehr auf mich.

Szenen wie diese tragen dazu bei, dass er mir Wertschätzung entgegenbringt. Yassine überhäuft mich vor seinen Freunden stets mit Komplimenten.

»Ich liebe meine Frau. Sie ist die Allerschönste!« Alle Welt glaubt, dass er mich über alles liebt.

Der ideale Lebensgefährte.

Und dennoch … auch jetzt kommt es wegen Nichtigkeiten zu den allerschlimmsten Streitereien. Wenn Yassine irgendetwas missfallen hat, wenn er einen Blick falsch interpretiert, den ich einem anderen Typen zugeworfen habe, oder wenn ich sonst irgendetwas Belangloses getan habe … Sofort ist er eingeschnappt und beginnt, mich ganz verrückt zu machen, er bedrängt mich, und es kommt zu Schlägen. Das lasse ich mir nicht gefallen. Ich gebe Widerworte. Ich wehre mich. Im Eifer des Gefechts mache ich mir nicht wirklich klar, was eigentlich vor sich geht. Ich sehe das Ganze lediglich als Beziehungsprobleme eines temperamentvollen Paares. Ich beruhige mich selbst mit Sätzen wie: »Das ist ganz normal, wenn man sich liebt.« Alle verliebten Paare streiten miteinander, das weiß doch jeder. Ich sage mir, dass er nur deshalb so aus der Haut fährt, weil er mich liebt. Gerade so, als bemesse sich das Ausmaß unserer Liebe an der Intensität unserer Streitigkeiten. Im Guten wie im Schlechten.

Im Herbst 2007 bietet Yassines Vater mir an, in der Immobilienagentur seiner Frau Malika zu arbeiten. Ein Angebot, das ich unmöglich ablehnen kann. Es handelt sich auch nicht um einen Vorschlag, sondern um eine Anordnung. Ich besuche eine Berufsschule, und zwischen den Unterrichtsblöcken arbeite ich nun in der Immobilienagentur. Aber es ist schwierig, Besichtigungstermine wahrzunehmen, wenn man keinen Führerschein hat. Immer wieder lasse ich mir Ausreden einfallen und richte es so ein, dass die Kunden mich mitnehmen. »Mein Auto ist gerade in der Werkstatt ...«, oder: »Ich habe meinen Führerschein vergessen ...« Irgendeine Entschuldigung habe ich immer auf Lager. Ich erzähle auch schon mal, dass ich meine Brille verloren hätte. Ich lege mich ins Zeug, um Verträge abzuschließen, aber ich fühle mich nicht geschaffen für diesen Beruf. Es liegt mir nicht, in die Privatsphäre anderer Leute einzudringen und sie dann auch noch zu bequatschen. Viel lieber ist mir der lockere und fröhliche Umgangston, der beim Bedienen herrscht, wo man einfach nur freundlich zu den Kunden sein muss, ohne weiteres Ansinnen.

Die erste Zeit in der Agentur ist vor allem aber jene Phase, in der ich mich dauernd krank fühle. Noch nie zuvor habe ich so etwas erlebt. Mir ist immer wieder übel, und ich verspüre eine unglaubliche Erschöpfung. Yassine sieht mich schief an, dann lässt er schließlich verlauten: »Vielleicht solltest du mal einen Schwangerschaftstest machen ...«

Jetzt falle ich aus allen Wolken. Das ist nicht möglich. Ich habe meine Pille doch immer genommen. Ein einziges Mal vielleicht nicht. Als ich meine Ärztin aufsuche, untersucht sie mich nicht einmal. Sie beschwichtigt mich: »Man wird nicht einfach so schwanger …«

Aber mein Unwohlsein nimmt immer schlimmere Ausmaße an. Irgendwann beschließe ich, mir Blut abnehmen zu lassen, um Sicherheit zu haben.

Als ich am 31. Dezember den Umschlag öffne, sitze ich allein zu Hause auf dem Sofa. Nervös ziehe ich an meiner Zigarette. Positiv. Das Ergebnis ist positiv. Ich bin schwanger. Ich kann es nicht behalten. Einfach unmöglich. Ich habe gerade eine Ausbildung angefangen, und ich bin nicht sicher, ob ich überhaupt ein Kind von Yassine haben will. Schon lange steht für mich eigentlich fest, dass ich kein Kind bekommen will, bevor ich dreißig Jahre alt bin. Ich will meine Jugend genießen … Meine Gedanken fahren Achterbahn. Ich erinnere mich sehr gut daran, unter welchen Umständen dieses Kind gezeugt wurde. Yassine war zu diesem Zeitpunkt hinter Franck her, dem er um jeden Preis noch eins auswischen wollte. Er war außer sich, und ich spürte, dass ich ihn nicht zurückweisen konnte. Nicht wirklich eine schöne Erinnerung …

Als Yassine heimkommt, lasse ich die Bombe platzen. Und ich sage ihm auch, dass ich das Kind nicht behalten will. Er bleibt ganz ruhig: »Du machst, was du für richtig hältst. Wenn du es nicht behalten willst, bin ich da. Und wenn du es behalten willst, bin ich auch da. Du bist diejenige, die entscheidet …«

Ich lasse mir ein paar Tage Zeit, um nachzudenken. Währenddessen rauche ich nicht, man weiß ja nie. Aber ich weiß, dass dieses Kind keine gute Idee ist. Also entscheide ich mich dazu, in ein Krankenhaus zu gehen.

Ich gerate an eine Frau, die mir erst einmal gründlich den Kopf wäscht. Sie hält mir vor, dass es einfach unglaublich dumm sei, heutzutage aus Versehen schwanger zu werden.

»Sie haben doch verschiedene Möglichkeiten, sich zu schützen …«

Der blanke Horror. Schuldgefühle ohne Ende werden bei mir wach. Endlich schickt sie mich ins Nebenzimmer, um einen Ultraschall zu machen.

Dort bringt die Frau, die die Geräte bedient, »aus Versehen« das falsche Gerät zum Einsatz. Mit dem CTG lässt sie mich den Herzschlag des Kindes hören und fragt mich: »Hören Sie es?«

Ich stammle: »Aber ich bin doch hergekommen, um abzutreiben …«

»Ach wirklich? Tut mir leid.«

Langsam tauche ich aus meinem Gefühlschaos wieder auf. Der Herzschlag klang so laut, so kräftig. Man muss ihn bis ins Wartezimmer gehört haben. Darauf bin ich nicht wirklich vorbereitet gewesen …

Ich war in Begleitung von Yassines Stiefmutter hierhergekommen. Als ich wieder im Auto sitze, gestehe ich ihr sofort: »Ich kann nicht mehr abtreiben!«

Immer wieder höre ich den Herzschlag des Kindes. Er lässt mich nicht mehr los. Man hat meine Entscheidung nicht respektiert, und mir ist nicht einmal ansatzweise klar, was das für mein Leben bedeuten wird. Aber mit einem Schlag wird dieses Kind in meinen Gedanken jetzt zu einer Realität. Ich muss handeln. Klare Gedanken kann ich in meinem Zustand jedoch nicht fassen. Ich weiß nur, dass ich nicht abtreiben kann, das werde ich nicht schaffen. Gleichzeitig herrscht ein heilloses Durcheinander in meinem Kopf. Ich weiß nur, dass ich es behalten will, das ist alles. Aber ich habe auch Angst. Angst vor dem Unbekannten, vor der Reaktion von Yassine, vor der Vorstellung, für so ein kleines Lebewesen Verantwortung zu tragen …

Als ich Yassine das alles erkläre, sagt er nichts dazu. Über die Vermittlung des jüngeren Bruders seiner Stiefmutter hat er eine Arbeit als Klempner gefunden. Wir beschließen, eine andere Wohnung zu suchen und in das Dorf zu ziehen, in dem sein Vater und Malika jetzt wohnen. Es ist ein Dorf, das eine gute Infrastruktur hat: Es gibt eine Schule, einen Arzt, ein Lebensmittelgeschäft – eben alles, was man für das tägliche Leben braucht.

Unser neues Zuhause ist eine Zweizimmerwohnung auf zwei Etagen – Erdgeschoss und erste Etage. Im Erdgeschoss geht das Fenster des Wohnzimmers zur Straße hinaus, und auf der anderen Seite gelangt man durch eine Glastür in einen kleinen Hof. Die Küche ist nur durch eine Anrichte vom Wohnzimmer getrennt. Über eine Wendeltreppe gelangt man in die obere Etage, wo sich das Schlafzimmer, ein Bad und die Toilette befinden. Wir werden das Babybett neben unser Bett stellen.

Jetzt, wo ich meine Entscheidung getroffen habe, verkünde ich das »freudige Ereignis« in meinem Umfeld.

Als häufigste Reaktion begegnet mir allerdings Betroffenheit.

Ich rufe meine Mutter an. Nach einem ausgedehnten Schweigen rutscht ihr am Telefon schließlich folgende Frage heraus: »Bist du denn wirklich sicher? Weil, Yassine, nun …«

Ich wusste ja schon, dass sie ihn nicht besonders schätzte. Bei diesem Gespräch frage ich mich jedoch, wie weit ihre Abneigung gegen ihn eigentlich reicht. Aber ich hake lieber nicht nach, weil ich keine Lust habe, mir anzuhören, was ich ohnehin schon weiß.

Anders als sie nimmt mein Cousin kein Blatt vor den Mund.

»Ganz ehrlich, ich kann deinen Typen einfach nicht ertragen. Er macht allen Angst … Aber du bist ja schließlich erwachsen und weißt, was du tust …«

Angesichts all dieser Reaktionen ziehe ich mich zurück. Ich versuche nicht, mich zu rechtfertigen. Ich will nichts erklären. Ich sage mir, dass sie Yassine nicht so verstehen wie ich. Dass ihre Vorbehalte übertrieben sind. Und beinahe leichtsinnig denke ich, dass unser Kind, wenn es erst einmal da ist, eine richtige Familie aus uns machen würde. Alles wird sich ändern, Morgane, alles wird sich ändern …

Kurz darauf, als mein Bauch sich bereits ein wenig wölbt, begegne ich einem Kumpel von Yassine. Erst senkt er den Blick, dann hebt er etwas theatralisch den Kopf und sieht mich an: »Worauf hast du dich nur eingelassen, Morgane? Du hast dein Todesurteil unterzeichnet. Du hast dein Leben weggeworfen …«

8

Kalte Dusche

Eine Kleinigkeit reicht aus, und schon geht es los. Wir sitzen in einem Restaurant, ein paar junge Männer gehen draußen auf der Straße vorbei. Ganz automatisch schweift mein Blick zu ihnen hinüber. Ohne jeden Hintergedanken, einfach nur, weil die Unterhaltung ohnehin gerade stockt. Sofort beginnt Yassine, sich aufzuregen.

»Was starrst du sie so an? Willst du sie etwa heißmachen?«

»Aber ich tu doch gar nichts! Ich sehe sie nicht einmal richtig an!«

Yassine ist wütend, das sehe ich an seinen Gesichtszügen. Ich ziehe es vor, die Diskussion zu beenden und zu einem anderen Thema überzugehen, um ihn von seinen Zwangsvorstellungen abzubringen. Als ich bei der Restaurantkette *Hippopotamus* arbeitete, war es bereits das Gleiche. Argwöhnisch belauerte er auch dort die Typen, die mich möglicherweise anbaggern konnten. Ich halte mich bedeckt. Ich will nicht unnötig Probleme schaffen.

Trotzdem bleibt er auf dem gesamten Rückweg bei diesen Typen hängen und wiederholt ununterbrochen, dass ich sie angestarrt hätte. Er redet sich in Rage, ohne dass ich irgendetwas dazu beitragen würde, aber ich habe auch keine Ahnung, wie ich die Spannung verringern kann. In der Wohnung geht es weiter, er redet immer heftiger auf mich ein. Irgendwann verliere ich die Fassung und schreie ihm ins Gesicht: »Das stimmt einfach nicht, hör endlich auf, mir so etwas anzudichten! Ich habe nichts mit diesen Typen am Hut! Ich habe einfach nur so auf die Straße hinausgeschaut …«

»Du lügst! Du bist nichts anderes als eine dreckige Lügnerin! Ich habe dich doch gesehen! Du hast sie nicht aus den Augen gelassen!«

»Aber nein! Ich schwöre es dir!«

Er bedrängt mich, schubst mich und stößt mich schließlich gegen die Wand. Daraufhin schreie ich noch mehr. Bisher habe ich ihn zurückgestoßen, wenn er sich mir gegenüber so verhalten hat. Aber jetzt zögere ich. Ich habe Angst, meinem Baby zu schaden. Ich will dieses Theater nicht mitspielen. Aber er ist jetzt so in Fahrt, dass er mich nicht einfach wieder in Ruhe lassen wird.

»Hör sofort auf, herumzuschreien! Du bist ja vollkommen verrückt geworden! Du brauchst jetzt dringend etwas Beruhigung!«

Er packt mich am Arm und zieht mich die Treppe hoch nach oben ins Badezimmer. Ich wehre mich, er ist jedoch so viel kräftiger als ich, dass ich nichts auszurichten vermag. Aber ich tobe vor Wut. Das bestärkt ihn in seinem Vorhaben letztlich nur noch.

Während er mich hinter sich herschleift, klammere ich mich an alles, was greifbar ist, einen Mauervorsprung, einen Türknauf, das Treppengeländer. Aber er reißt mich immer wieder los.

Im Badezimmer stößt er mich in die Dusche. Beim Fallen schütze ich reflexartig meinen Bauch vor weiteren Angriffen. Yassine dreht den kalten Wasserhahn auf und drückt mich mit seinem Knie wieder zu Boden, als ich versuche aufzustehen.

Verzweifelt weine und schreie ich, aber auf seinen Lippen liegt nur ein spöttisches Grinsen.

»Du bist ja furchtbar aufgeregt. Ich werde dich schon ruhig bekommen! So kann es nicht weitergehen mit dir …«

Er richtet den Wasserstrahl auf mein Gesicht. Das Wasser ist eiskalt. Innerhalb weniger Sekunden ist auch mein Oberkörper tropfnass. Ich schreie immer noch, aber das Wasser strömt mir jetzt in den Mund und zwingt mich zum Schweigen. Es ist so kalt, dass ich am ganzen Körper zu zittern beginne. Yassine rührt sich nicht und hält den Duschkopf weiter auf mich gerichtet. Der Wasserhahn ist maximal aufgedreht, und Yassine wartet einfach. Er wartet ab. Ich bin jetzt vollkommen durchnässt und sage nichts mehr. Ich schnappe nach Luft. Die Augen kneife ich zusammen und öffne sie nur einen Spalt breit, um dem auf mich einprasselnden Wasser zu entgehen.

Ich spüre, wie mein Bauch sich durch den Kälteschock und den Stress verkrampft. Plötzlich bekomme ich Angst. Angst, mein Baby zu verlieren. Ich weiß weder, wie Fehlgeburten vonstattengehen, noch, wodurch sie ausgelöst werden, aber diese Gewalt, dieses eiskalte Wasser ist mit Sicherheit nicht gut. Instinktiv will ich mein Kind schützen, das ist mir mit einem Mal ganz klar. Habe ich noch vor Kurzem erwogen, das Baby abzutreiben, so bin ich jetzt von seiner Präsenz geradezu erfüllt.

Außer dem eisigen Wasser und dem Schmerz, so misshandelt zu werden, empfinde ich eine tiefe Demütigung. Yassine ist zufrieden mit sich, er trägt jetzt ein amüsiertes und grausames Grinsen zur Schau, das mich vielleicht noch mehr verletzt als alles andere.

Er dreht den Wasserhahn zu. Ich kauere in einer Ecke der Duschwanne, komme allmählich wieder zu Atem und halte meinen Bauch schützend mit den Armen umfasst.

»Jetzt siehst du, wozu du mich zwingst, um dich ruhigzustellen! Du spinnst doch vollkommen! Ist dir klar, wie du reagiert hast?«

Mir fehlt die Kraft, um ihm zu antworten. Und ich will vermeiden, dass die Bestrafung eine Fortsetzung findet.

Als er das Badezimmer verlässt, krieche ich aus der Dusche und ziehe mich aus. Ich streife einen Bademantel über, um mich zu trocknen und zu wärmen. Ich zittere, Tränen laufen mir über das Gesicht.

Anders als Yassine es glaubt, habe ich mich aber keineswegs beruhigt. Ich bin einfach nur fertig und erschöpft …

9

Bilal

Einen einzigen Aspekt der Schwangerschaft findet Yassine wunderbar: Ich habe siebenundzwanzig Kilo zugenommen. Da ich vorher immer sehr zierlich war, erkenne ich mich selbst kaum wieder. Er hingegen ist begeistert. Er findet mich wunderschön. Sein Vater ist übrigens der gleichen Meinung. Er sagt zu mir: »Endlich! Jetzt denkt man wenigstens nicht mehr, dass du krank bist. Jetzt machst du etwas her!«

Bei mir ist jedoch genau das Gegenteil der Fall. Ich verabscheue mich selbst. Außerdem werde ich während meiner gesamten Schwangerschaft von schlimmen Akneschüben geplagt, wie ich sie noch nie in meinem Leben gehabt habe. Morgens stehe ich vor dem Spiegel und zähle: Ungefähr sechzig Pickel zieren mein Gesicht. Einmal hat mich sogar ein Chinese auf der Straße angesprochen und mir erklärt: »Wissen Sie, in China sagt man: Je hässlicher die Frau während ihrer Schwangerschaft, desto hübscher das Baby.«

Das fand ich jedoch alles andere als tröstlich …

Seit ich weiß, dass ich schwanger bin, rührt Yassine mich nicht mehr an: Es steht außer Frage, dass er mit mir schläft. Als würde mein Körper einen Fremden be-

74

herbergen, auf jeden Fall will er nicht mehr in Berührung kommen mit mir.

Und auch die gewalttätigen Ausbrüche, die er mir gegenüber zuvor hatte, seine Wutanfälle, wenn ihm etwas nicht passte, nehmen eine neue Dimension an. Etwas Grundlegendes hat sich in unserem Zusammensein geändert: Er antwortet mir nicht mehr. Früher habe ich mich verteidigt, aber darauf liegt jetzt nicht mehr mein Hauptaugenmerk. Ich gehe nun in Deckung und warte, bis das Gewitter wieder abklingt. Dieses Verhaltensmuster hat sich ganz von selbst eingestellt, ohne dass es mir wirklich bewusst wurde. Ich habe begonnen, reflexartig auf mein Baby zu achten und mich zusammenzukauern. Ich lebe nicht mehr nur für mich, ich bin auch für das Leben meines Kindes und für sein Wohlergehen verantwortlich. Und auch wenn alles noch sehr abstrakt ist, spüre ich tief in meinem Innern den Mutterinstinkt erwachen, der dazu führt, dass ich dieses kleine, in meinem Bauch heranwachsende Wesen beschützen will. Manchmal spüre ich, wie es sich bewegt. Es lebt. Mein Leben wird gewissermaßen von seiner Präsenz bestimmt.

Im Grunde hat die Schwangerschaft, abgesehen von unserem Sexualleben, keinerlei Auswirkung auf meinen Alltag. Yassine wiederholt mir immer wieder, dass ich nicht krank sei, dass die Schwangerschaft keine Behinderte aus mir mache. Das geht so weit, dass er mich bei unserem Umzug schwere Gegenstände tragen lässt, viel zu schwere.

Er interessiert sich nicht im Geringsten für den Verlauf der Schwangerschaft, für die Entwicklung des Babys in meinem Bauch. Er will gar nichts davon hören. Hin und wieder frage ich ihn: »Willst du mal meinen Bauch anfassen? Es bewegt sich gerade …«

Und er antwortet angewidert: »Igitt! Da fass ich doch nicht hin!«

Wenn er mich schlägt, zielt er jedoch niemals auf den Bauch.

Ja, diese Schwangerschaft hat seine Gewalt mir gegenüber in der Tat noch intensiviert. Erst sehr viel später habe ich begriffen, warum seine Schläge während dieser Monate so viel häufiger wurden. Auch hier war seine abgrundtiefe und unbegründete Eifersucht im Spiel. In seiner Clique und dem weiteren Freundeskreis von Yassine zirkulierte das Gerücht, dass das Kind nicht von ihm sei. Vermutlich war es durch Franck in Umlauf gebracht worden, der herumerzählte, dass wir immer noch miteinander schliefen. Um es kurz zu machen: Stéphane, der ältere Bruder von Yassine, setzte ihn davon in Kenntnis. Das tat Stéphane mit Sicherheit nur allzu gern, hatte er seinen jüngeren Bruder doch immer beneidet. Yassine sah rot, war aber nicht in der Lage, das klärende Gespräch mit mir zu suchen. Seine ganze Wut brach sich Bahn in der Gewalt mir gegenüber.

Ich erinnere mich daran, wie er unmittelbar vor unserem Umzug einmal einen regelrechten Anfall von Raserei hatte. Er sprang mir mehr oder weniger an die Gurgel und würgte mich. Für einen Augenblick dachte ich, meine letzte Stunde hätte geschlagen. Ich bekam keine Luft mehr, und dennoch lockerte er seinen Griff nicht. Meine Rettung war im Grunde meine Schwangerschaft. Ganz plötzlich sah ich vor mir, wie mein Baby keinen Sauerstoff mehr bekam. Mit letzter Kraftanstrengung gelang es mir, Yassine einen Fußtritt zu versetzen. Dieser war so heftig, dass er schließlich von mir abließ.

Schon an jenem Tag war es also mein Sohn, der mir das Leben rettete.

Dann ging Yassine wie entfesselt auf das Mobiliar los. Er schlug alles kurz und klein. Alles, außer seinem brandneuen Flachbildfernseher. Ich musste seinen Vater anrufen und ihn anflehen, seinen Sohn wieder zur Vernunft zu bringen und den Verwüstungen Einhalt zu gebieten. In diesem einen Fall rückte er tatsächlich an, und Yassine hat mich während der nächsten zwei Wochen nicht geschlagen.

Ganz vage war mir klar, dass es unser Zusammenleben nach der Geburt um vieles erleichtern würde, wenn Bilal seinem Vater ähnlich sah. Ich sprach oft mit meinem Baby, während es in meinem Bauch war, und einen Satz wiederholte ich immer wieder: »Sei bloß nicht blond, und hab keine blauen Augen!« Angesichts der Gene war das nämlich sowohl von meiner Seite als auch von Yassines her durchaus möglich. Und natürlich kam es dann auch so.

Die Schwangerschaft verläuft nicht ohne Probleme. Ab dem vierten Monat wächst das Baby nicht mehr in normalem Maß. Ich muss jeden Monat zum Ultraschall und alles überprüfen lassen. Jedes Mal fragen mich die Ärzte, ob zu Hause alles in Ordnung sei. Ich antworte stets das Gleiche: »Klar.« Sie haken nach, aber ich gebe keine Auskunft. Man erklärt mir, dass mangelndes Wachstum durch Stress verursacht werden könne.

»Sie wirken sehr gestresst«, behauptet ein Arzt hartnäckig. »Ist irgendetwas vorgefallen?«

»Nein.«

Um die Ursache herauszufinden, muss ich mich allen möglichen Untersuchungen unterziehen. Es kommt nichts dabei heraus. Und ich selbst weiß auch nicht so recht, ob ich mein Baby nicht vielleicht doch angefleht habe, nicht auf diese Welt zu kommen ... ob ich ihm vermittelt habe, wie schwer es hier sein würde. Ob es nicht vielleicht besser wäre, gar nicht geboren zu werden.

Aber als man mir mitteilt, dass das Baby sich nicht mehr weiterentwickelt, ist das ein ungeheurer Schock für mich. Ich bin wie elektrisiert und beschwöre es von nun an zu wachsen, zu leben ... Immer und immer wieder. Es kann mich offenbar hören, denn irgendwann wächst es wieder ganz normal.

Ich erinnere mich noch gut an meine Angst, als die Ärzte mir all diese Fragen stellten. Sie hatten das Gebaren von Yassine mitbekommen, hatten gesehen, wie er sich mir gegenüber verhielt, und hatten die Situation richtig eingeschätzt. Aber für mich war es unvorstellbar, mich ihnen anzuvertrauen. Ich hüllte mich in Schweigen und stellte mir stattdessen vor, dass man mir mein Baby nach der Geburt fortnehmen würde. Sie würden es mir fortnehmen, zur Adoption freigeben, und ich könnte nichts dagegen unternehmen. Es wäre so leicht, ein ganz kleines Baby zur Adoption zu vermitteln. Mit derlei Vorstellungen blieb ich ebenso allein wie mit meiner Angst vor den sozialen Einrichtungen – und mit meinem Schweigen.

Dieses Baby war zur wichtigsten Sache in meinem Leben geworden. Ich bekam den Eindruck, dass sich meine Werte grundlegend verschoben hatten und auch meine Denkweise eine andere geworden war. Alles drehte sich um das Baby. Ich wollte das Beste für mein Kind.

Was in mir vorgeht, kann ich nicht rational erklären. Die Entscheidung, es zu behalten, weil ich sein Herz schlagen hörte, den Stellenwert, den es in meinen Gedanken einnimmt, seine Art, schon als Embryo mein Handeln zu bestimmen – all das ist zu meinem unbedingten Lebensmittelpunkt geworden, aber ich kann nicht klar in Worte fassen, warum. Zugleich bin ich zwischen den widersprüchlichsten Gedanken hin- und hergerissen. Ich will, dass es endlich auf die Welt kommt, aber manchmal habe ich Angst vor dem Leben, in das es hineingeboren wird. Ich habe Angst wegen der Gewalttätigkeit seines Vaters, wegen der schwierigen Beziehung zwischen ihm und mir. Was für ein Leben würde ich ihm bieten können? Ich glaube, dass ich tief in meinem Innern darauf hoffe, seine Geburt möge Yassine endlich die Augen öffnen: Wie die Berührung mit einem Zauberstab wird dieses Kind ihn begreifen lassen, dass das, was er tut, schlecht ist und dass wir alle drei tatsächlich eine richtige kleine Familie bilden können. Ich spüre es, die Geburt wird alles ändern.

Während meiner Schwangerschaft arbeite ich weiterhin für die Immobilienagentur. Diese kann ich leicht ohne fremde Hilfe erreichen, da ich nun in dem Ort wohne, in dem die Agentur ihren Sitz hat. Die Schule besuche ich nicht mehr. Ich musste sie sogar verlassen, als bekannt wurde, dass ich schwanger war. Versicherungsgründe seien der Anlass dafür, wurde mir erklärt. Sie schlugen mir vor, die Ausbildung im darauffolgenden Jahr wieder aufzunehmen.

Yassine arbeitet immer noch in der Klempnerei – vorbei ist die Zeit, in der er sich um den Haushalt kümmerte und das Abendessen vorbereitete. Da es uns finanziell ganz gut geht, essen wir jetzt regelmäßig im Restaurant. Was die Wohnung angeht, haben wir allerdings keine Putzfrau. Darum muss ich mich jetzt kümmern, denn Yassine ist abends zu müde dafür.

»Mach schon, ich bin kaputt! Ich gehe schließlich arbeiten!«

Die Geburt war an einem Montag. Am Samstag davor habe ich noch gearbeitet. Ich war bereits einige Tage überfällig, sodass das Krankenhaus anrief, um mich zu warnen: »Seien Sie vorsichtig! Sie müssen jetzt an die Niederkunft denken!« Zum Glück habe ich mich dann sofort auf den Weg gemacht, denn eben dort angekommen, ging das Fruchtwasser ab.

Es war die Stiefmutter von Yassine, die mich beim Krankenhaus absetzte, denn er selbst war bei der Arbeit. Ich habe ihn angerufen, um ihm mitzuteilen, dass es jetzt so weit sei, und er ist dann tatsächlich bei mir aufgekreuzt. Für ihn, der eine solche Angst vor Mikroben hat, war das eine Heldentat.

Ich hatte sehr heftige Wehen, aber Yassine konnte es nicht ertragen, dass ich über meine Schmerzen klagte. Am Abend zuvor hatten wir eine Reportage über eine Schwangere in Indien gesehen, die ihr Kind unter erbärmlichen Umständen auf einem Floß geboren hatte. Unablässig wiederholte er mir jetzt: »Mensch, denk doch an die Inderin!«

Seine Sprüche und meine immer heftigeren Schmerzen setzten mir so zu, dass ich irgendwann nicht mehr konnte und ihn anschrie: »Raus hier! Hau ab! Verschwinde!«

Da war er sprachlos und ging. Ein solches Kunststück habe ich leider nur sehr selten vollbracht.

Der Aufenthalt im Krankenhaus bedeutete für mich das reinste Glück.

Zunächst einmal konnte Yassine mir gegenüber hier nicht aggressiv werden. Außerdem musste ich nichts tun – nichts, außer meinen Sohn zu bewundern. Es war die reinste Erlösung. Alle waren um mich bemüht – genau wie um die anderen Patientinnen natürlich –, aber ich war eine solche Fürsorge nicht gewohnt. Vier oder fünf Tage voller Frieden, Ruhe und Heiterkeit waren mir beschieden. Da ich am Ende doch noch einen Kaiserschnitt bekommen hatte, behielt man mich etwas länger als bei einer normalen Geburt. Aber bereits nach ein paar Tagen bekam ich zufällig eine Unterhaltung auf dem Flur mit: »Zimmer 203 könnte eigentlich schon entlassen werden …«

»Ich weiß nicht, ob sie schon so weit ist.«

»Stimmt natürlich, aber wir brauchen den Platz.«

Dann ging die Tür meines Zimmers auch schon auf. Eine Krankenschwester trat mit einem breiten Lächeln an mein Bett:

»So, der große Tag ist gekommen. Es ist so weit!«

Ich versuchte, ihr begreiflich zu machen, dass ich

noch keineswegs so weit sei, aber sie wischte meine Einwände mit einer achtlosen Handbewegung beiseite. Ich fasste mir ein Herz und offenbarte ihr meine Ängste: »Ich bin noch sehr erschöpft, meine Narbe schmerzt immer noch, ich weiß gar nicht, wie ich mich allein um mein Baby kümmern soll, meine Mutter wohnt weit weg …«

»Aber nicht doch, es wird sich schon alles finden!«

Natürlich konnte ich ihr den wahren Grund für meinen Wunsch nach einem längeren Krankenhausaufenthalt nicht nennen. Panik ergriff mich bei der Vorstellung, allein mit Yassine zu Hause zu sein. Und zwischen uns beiden unser Sohn.

Aber ich musste gehen. Nach Hause zurückkehren.

Und dort begann die Hölle von Neuem.

10

Vaterschaftsurlaub

Als ich über die Türschwelle trete, bietet sich mir ein apokalyptischer Anblick. Das schmutzige Geschirr schimmelt im Spülbecken bereits vor sich hin, die Waschmaschine ist nicht geleert worden. Es riecht furchtbar abgestanden. Der Boden ist übersät von leeren Bier- und Whiskyflaschen. Über der Deckenlampe hängt sogar eine Socke.

Ich halte mein Baby in den Armen, meine Narbe schmerzt, aber ich weiß, dass ich alles sauber machen muss, bevor Yassine nach Hause kommt. Es steht nicht zur Debatte, dass er zurückkehrt und mich hier vorfindet, ohne dass ich dieses Chaos beseitigt hätte. Das würde ihn rasend machen. Auch wenn er derjenige ist, der dieses wüste Gelage veranstaltet hat. Außerdem bin ich so angewidert von allem, was ich hier sehe, dass ich selbst den Drang verspüre, sofort mit dem Aufräumen zu beginnen.

Als ich ins Krankenhaus aufbrach, hatte ich ein peinlich sauberes Haus hinterlassen. Ich hatte ihm für eine Woche vorgekocht und alles in Tagesportionen eingefroren …

Eine Freundin von Yassines Stiefmutter hatte mich vom Krankenhaus abgeholt, weil er angeblich keine Zeit hatte. Seine Arbeit konnte jedoch nicht der tatsächliche Grund sein, denn es war ein Samstag.

Also rufe ich auf der Stelle die Stiefmutter von Yassine an. Sie willigt ein, das Baby zu hüten, während ich Schritt für Schritt die Spuren des einwöchigen Trinkgelages beseitige. Mein Bauch schmerzt, aber ich schaffe Ordnung, putze, sauge, wische und mache die Waschmaschine an. Drei Stunden später hat die Wohnung ihr normales Aussehen wiedergewonnen. Endlich kann ich mich mit Bilal im Arm ein wenig ausruhen.

Im Krankenhaus stellte ich mir in optimistischen Momenten diese Rückkehr nach Hause tatsächlich als eine Art Neuanfang vor. Wir sind jetzt doch eine Familie. Auch wenn Yassine während der Schwangerschaft so hart zu mir war, träume ich davon, dass seine Vaterrolle ihn verändert. Dass sie ihm bewusst macht, dass er manchmal einfach zu weit geht. Warum ist diese Vorstellung der heilen Familie, die wir sein könnten, so wichtig für mich? Vielleicht, weil ich selbst schon mit fünfzehn, sechzehn Jahren nicht mehr mit meinen Eltern zusammenlebte. Vielleicht auch, weil meine romantische Ader mich dazu verleitet, an einem idealen Bild von Ehe und Familie festzuhalten.

Als Yassine endlich heimkommt, hat er eine ganze Reihe von Kumpeln im Schlepptau. Mit einer Riesenpackung Bier, vierundzwanzig Flaschen, wankt er herein. Er ist sturzbetrunken, und die Bierflaschen fallen zu Boden. Überall läuft Bier aus. Bevor ich den Aperitif für alle zubereite, muss ich jetzt erst einmal wieder sauber machen …

Gerade einmal ein paar Stunden zu Hause, bin ich schon am Ende meiner Kräfte. All diese körperlichen Anstrengungen haben mich erschöpft, meine Narbe tut weh, und außerdem ist da ja noch mein Baby … Und ich lerne doch gerade erst, mich richtig um es zu kümmern. In meinem Umfeld gibt es niemanden, der mir dabei mit Rat und Tat zur Seite stehen könnte. Meine Mutter wohnt weit weg. Ich frage mich unentwegt, ob ich alles richtig mache, ob ich Bilal so bade, wie es sich gehört, ob er genug isst, ob ich alles richtig verstanden habe, was die Säuglingsschwestern mir mit auf den Weg gegeben haben. Ich fühle mich schrecklich allein. Schrecklich verängstigt.

Kaum sind seine Kumpel aufgebrochen, wird Yassine zu einem anderen Menschen. Ich spüre, wie der Wind sich blitzschnell dreht. Ich fürchte mich vor dem Funkeln in seinen Augen. Ich sitze auf dem Sofa und gebe Bilal die Brust. Yassine kommt näher. Er reißt mir das Baby aus den Armen und fängt sofort an, mit den Füßen auf mich einzutreten.

»Kannst du mir erklären, warum er blaue Augen hat?«

Mir bleibt nicht einmal die Zeit, um zu antworten, dass alle Neugeborenen blaue Augen hätten. Er ist außer sich vor Wut. Er tobt weiter:

»Der Kleine ist nicht von mir!«

»Du spinnst ja!«

Er will nichts hören und prügelt weiter auf mich ein. Ich habe das Gefühl, dass meine geklammerte Operationsnarbe wieder aufplatzt. Mein Traum von einer Rückkehr in ein trautes Heim ist ausgeträumt.

Stattdessen werden die zehn folgenden Tage zu einem wahren Albtraum.

Es sind die zehn Tage Vaterschaftsurlaub, die Yassine sich nicht entgehen lässt.

Bereits während der Schwangerschaft habe ich es gespürt, aber jetzt ist es offenkundig: Er hat sich verändert, die Beziehung zwischen uns ist unwiederbringlich gestört. Er sieht mich nicht mehr so an wie früher. Ich habe den Eindruck, dass meine bloße Anwesenheit ihm unerträglich ist. Ganz zu schweigen von der unseres Babys.

Während dieser zehn Tage schlägt er mich beinahe ununterbrochen. Immer wieder kommt er auf die Geschichte mit der Augenfarbe zu sprechen. Dabei finden alle in unserem Umfeld, dass der Kleine ihm ähnelt. Und es stimmt wirklich, dass er ihm geradezu aus dem Gesicht geschnitten ist.

Wenn ich ihn nicht schnell genug bediene, wenn

ihm etwas missfällt, wenn er der Meinung ist, dass ich zu viel Zeit mit unserem Sohn verbringe, erwacht ein böses Flackern in seinen Augen, und schon kommt es zum ersten Schlag. Dann ein zweiter. Und dann prasseln die Schläge nur noch so auf mich ein. Ich kauere mich zusammen, ich versuche, nicht zu weinen, um ihn nicht noch wütender zu machen. Er tritt mich, und ich habe nicht die Kraft, ihm Widerstand zu leisten.

Die Anwesenheit von Bilal ist ihm lästig, er will mich nicht vor ihm schlagen. Also führt er das Ritual des »Countdowns« ein. Als er mich zum ersten Mal anzischt: »In zwei Stunden bist du dran!«, schenke ich seiner Drohung keinen Glauben. Ich nehme an, dass es ihm lediglich darum geht, mich weiter unter Druck zu setzen. Aber er sieht regelmäßig auf die Uhr, und langsam steigen Zweifel in mir hoch.

Und dann ruft er mich.

Er befiehlt mir, mich vor ihn zu stellen, die Arme seitlich neben den Körper zu nehmen und mich nicht zu rühren. Seine Faust schnellt plötzlich nach vorne, und ich zucke in einer Ausweichbewegung zurück. Jetzt gerät er vollkommen außer sich, und ein zweiter Faustschlag trifft mich. Er verliert jede Beherrschung. Ich bin sein Punching-Ball und werde ihm nicht lang standhalten können. Also flehe ich ihn an aufzuhören, aber das bringt ihn noch mehr in Rage. Es ist ein Albtraum, aber ich bin wach. Der Schmerz explodiert überall in meinem Körper. Bei jedem neuen Schlag glaube ich, ohnmächtig zu werden. Als er endlich innehält, sinke ich für einen Augenblick zu Boden und versuche, wieder zu Kräften zu kommen und auszuloten, was meine jeweiligen Schmerzen bedeuten. Ich bete, dass ich keinen Bruch davongetragen habe, denn ich muss für meinen Sohn, mein Baby da sein. Er hat nur mich, und er ist noch so klein …

Nach einem kurzen Moment gelingt es mir, mich aufzurichten, und ich schleppe mich ins Schlafzimmer, denn Bilal ist aufgewacht. Während ich ihm die Brust gebe, versuche ich, die Schmerzen auszublenden, damit er nichts von der Anspannung mitbekommt, unter der ich stehe. Dieser Herausforderung werde ich mich noch oft zu stellen haben.

Ich bin noch erschöpft von der Schwangerschaft. Hinzu kommen die Müdigkeit durch die vom Stillen unterbrochenen Nächte und die ständigen Schmerzen samt einer bleiernen Schwere in meinen Gliedern. Aber ich muss den Haushalt führen, und Yassine legt einen immer obsessiveren Sauberkeitswahn an den Tag. Auch in dieser Hinsicht hat er sich durch die Schwangerschaft verändert. Und zwar zum Schlechten. Seine Manie im Hinblick auf Keimfreiheit hat zugenommen und das, obwohl er während meiner Abwesenheit die Wohnung in einen Schweinestall verwandelt hat.

Ich bereite alle Mahlzeiten zu. Ich putze, sobald auch nur ein Krümel zu Boden fällt. Ich halte den Schlägen von Yassine stand, so gut es geht. Abends tauchen meistens seine Kumpel auf, um einen Aperitif bei uns zu trinken. Ich muss die Gäste so bewirten, dass Yassine sich in seiner Stellung ihnen gegenüber bestätigt sieht: Es kommt nicht infrage, dass ich Erdnüsse und Chips auftische. Es müssen schon akkurat und hübsch angerichtete Schnittchen sein. Und das alles für Typen, die nur ans Saufen denken und nicht einmal darauf achten, was sie sich in den Mund schieben. Aber Yassine möchte den Mann von Welt spielen. Er will, dass die Leute ihn bewundern und staunen, wie er sie empfängt. Er fordert absolute Perfektion von mir und rührt selbst nicht den kleinsten Finger.

Als er endlich wieder zur Arbeit geht, empfinde ich das als Erlösung.

Ich habe meine Tage für mich, für mich und mein Baby. Natürlich kümmere ich mich weiterhin um den Haushalt, aber jetzt gibt es auch Pausen. Ich kann mich endlich ein wenig ausruhen und die Augenblicke genießen, in denen ich nichts tue.

Bilal, der für mich anfangs ein bisschen so etwas wie ein außerirdisches Wesen war, lehrt mich, eine richtige Mama zu werden. Er ist geduldig und ruhig, und ganz allmählich fasse ich Zutrauen zu mir selbst. Er ist ein »freundliches« Baby, selbst wenn dieser Begriff etwas seltsam anmutet. Aber solche Gedanken gehen mir jetzt im Kopf herum. Ich habe das Gefühl, dass er die Situation versteht und schon jetzt begreift, dass er sich zurücknehmen muss. Dass er mir helfen muss. Dass er auf meiner Seite sein muss. Zwischen uns beiden herrscht bald eine innige Vertrautheit, an der alles abprallt. Noch nie und nirgendwo habe ich eine so ungetrübte Zärtlichkeit erfahren.

Als meine Großmutter erfuhr, dass ich schwanger war, lautete ihr ironischer Kommentar: »Ein Kind, du? Nun, da darfst du es aber bei deinen Einkäufen in den Geschäften nicht verlieren, nicht wahr! So ein Kleines, da muss man ganz schön aufpassen!«

Die Mutterrolle war so unendlich weit weg von mir. Alles kam mir so unwirklich vor. Die tägliche Fürsorge, das Windelwechseln … Aber mit jedem Tag wurden die Aufgaben klarer. Kaum zu glauben, wie sehr es Bilal gelingt, mich alles andere vergessen zu lassen: die schlechte Laune und die Beleidigungen von Yassine, die beinahe täglichen Schläge, die Schmerzen, die zwischen zwei »Lektionen« niemals ganz abklingen können. Manchmal bin ich so zugerichtet, dass ich fürchte, Bilal nicht einmal auf den Arm nehmen zu können. Aber sein Anblick flößt mir gewissermaßen neue Kraft ein. Ich nehme ihn hoch, ich streichle ihn und bedecke seine zarte Haut mit Küssen. Ich liebe ihn über alles und verstehe jetzt, was ich so oft in den Büchern gelesen habe: die Bedeutung der bedingungslosen Mutterliebe. Wenn Bilal bei mir ist, gibt es auf der Welt nichts anderes mehr für mich. Schon der Gedanke an ihn zaubert selbst in den schlimmsten Situationen ein Lächeln auf mein Gesicht.

Vor der Niederkunft hatten wir vereinbart, dass ich sehr rasch nach der Geburt meine Arbeit wiederaufnehmen würde. Aber das ist mir jetzt schlicht unmöglich. Ich kann mir nicht vorstellen, dass eine andere Person sich um mein Baby kümmert. Ich kann mir nicht vorstellen, dass eine andere Person es anrührt. Ich setze alles daran, Yassine davon zu überzeugen. Schließlich gibt er nach, obwohl seine Stiefmutter darauf gepocht hat, dass ich wieder arbeite.

Mit der Zeit wird er etwas ruhiger. In seiner Familie ist man einhellig der Meinung, dass der Kleine ihm ähnelt, dass er wirklich »einer von ihnen« ist. Dadurch beginnt auch er langsam, die Ähnlichkeit zu sehen. Das besänftigt ihn, und er lässt sich auf meine Argumente ein.

»Yassine, willst du wirklich, dass eine andere Frau sich um unseren Sohn kümmert? Willst du das?«

Da antwortet er mir irgendwann: »In Ordnung, dann bleibst du zu Hause.«

Ich werde also nicht mehr arbeiten gehen …

Unser Alltag spielt sich ein.

Morgens stehe ich früh auf, um das Frühstück für Yassine zuzubereiten: Eier, Toast mit Süßrahmbutter, auf die ich etwas Salz streue. Die Eigelbe müssen sich genau in der Mitte der Eiweiße befinden. Und das Ganze muss schön auf einer Platte angerichtet werden, das Besteck in Reih und Glied neben dem Teller liegen.

Während er duscht, bringe ich sein Werkzeug ins Auto. Diese Handreichung wird im Lauf der Zeit selbstverständlich. Anfangs kommt er abends nach Hause und lässt sich sofort auf das Sofa fallen.

»Ich bin total kaputt! Und jetzt muss ich auch noch das Auto ausräumen … kannst du mir bitte dabei helfen? Ich bin wirklich fertig!«

Also helfe ich ihm. Ich räume das Auto mit ihm aus. Dabei passe ich höllisch auf, weil Yassine peinlich genau, ja, beinahe manisch, auf seine Werkzeuge achtgibt. So, wie er sich auch an anderer Stelle manisch verhält … Nach und nach lässt er mich dann alles allein machen. Er bleibt auf dem Sofa liegen und wartet, bis ich alles ausgeräumt habe. Morgens geht das Ganze dann in umgekehrter Richtung vonstatten. Und schnell pendelt sich dieser Rhythmus ein. Warum sollte man daran etwas ändern? Also bin nun ich diejenige, die die Werkzeuge hin- und herschleppt. Und sie am Abend natürlich auch reinigt. Im Winter muss ich morgens den Motor des Autos anlassen, damit es etwas wärmer wird, bevor er einsteigt. Er will im Auto schließlich nicht frösteln.

Jeder noch so geringe Zwischenfall in diesem nun fest installierten Ablauf – falsch zubereitete Eier, zu stark geröstetes Brot – wird mit dem »Countdown« geahndet. Yassine sieht auf seine Armbanduhr und setzt fest, wann ich dran bin. Der Tag wird schrecklich enden.

Wie soll ich es nur ertragen, seine Sklavin und sein Opfer zu sein, an dem er sich ganz nach seinem Belieben austoben kann?

Die Beziehung zwischen ihm und seinem Sohn gestaltet sich von Anfang an schwierig. Da er zunächst seine Vaterschaft in Zweifel zieht, tut er sich schwer, eine emotionale Bindung zu Bilal aufzubauen. Außerdem weigert er sich praktisch, ihn zu berühren. Ich weiß nicht, ob er einfach Angst davor hat, sich schmutzig zu machen, oder ob er, wie in vielen anderen Zusammenhängen auch, Angst vor Keimen hat. Und natürlich hat er keine Ahnung, wie er sich dabei anstellen soll.

Nach und nach gelingt es mir, ihm seine Anspannung etwas zu nehmen. Er akzeptiert es, Bilal auf den Arm zu nehmen, aber wenn er sich darauf einlässt, dann muss die ganze Aktion wie ein präzise geplantes Ritual vollzogen werden.

Er setzt sich aufs Sofa und muss zunächst einmal seinen Rücken recken und strecken, bis jeder Wirbel seine Beweglichkeit unter Beweis gestellt hat. Dieses Einrenkmanöver ist zu einem echten Tick bei ihm geworden. Dann streckt er seine Arme vor, damit ich seinen Sohn darauflege.

»Mach jetzt, ich bin bereit.«

Ich lege ihm Bilal in die Arme, und er verharrt stocksteif in dieser Haltung. Er steht unter Stress, das merke ich. Sobald Bilal sich regt, erfasst ihn Panik.

»Atme ganz ruhig, Yassine. Alles ist gut …«

Ich versuche, mich etwas zurückzuziehen und sie ihrer Zweisamkeit zu überlassen, aber ich komme nicht weit. Ich traue mich nicht einmal, kurz auf die Toilette im Obergeschoss zu gehen.

Manchmal wage ich dennoch einen kleinen Vorstoß: »Yassine, ich gehe schnell Brot holen …«

Dann entgegnet er sofort: »Das meinst du jetzt aber nicht ernst? Dann nimm ihn mit, den Kleinen hier. Was soll ich denn machen, wenn er anfängt zu weinen?«

Natürlich muss auch Yassine erst lernen, mit einem Baby umzugehen. Und da ich ihm in dieser Hinsicht schon etwas voraus bin, gelingt es mir, ausgleichend auf ihn einzuwirken. Er hört mir zu und nimmt meine Ratschläge an. Natürlich im Rahmen dessen, was er tun will. Niemals würde er eine Windel wechseln. Aber ich stelle es so an, dass er seinen Sohn hin und wieder anfasst und manchmal eine Zeit lang bei ihm bleibt. Und ich glaube sogar, dass Yassine Gefallen daran findet. Wenn Bilal ein wenig größer ist, werde ich sie zusammen zum Bäcker schicken oder ihnen vorschlagen, gemeinsam einen Ausflug zu machen.

Ich habe meinen Traum von der intakten Familie

noch nicht aufgegeben. Ich will mit allen Kräften versuchen, dass es mit uns als Familie klappt. Ich rede mir ein, dass sich alles am Ende finden wird. Ich rede mir ein, dass Yassine zu sich kommen und begreifen wird, worum es wirklich geht, dass er sich beruhigen und unseren kleinen Familienkokon lieben wird – und dass das Gewalttätige in ihm verschwindet.

Ich werde lange brauchen, bis ich mir endlich eingestehe, dass dieser Traum niemals Wirklichkeit werden wird.

11

Der Alltag

Yassine hat weiterhin Gewaltausbrüche und schlägt mich regelmäßig, aber am Wochenende ist es am schlimmsten. Unter der Woche ist er den ganzen Tag beschäftigt, und abends tue ich alles dafür, damit er sich entspannen kann.

Wenn er nach Hause kommt, ziehe ich ihm die Schuhe aus, sobald er sich aufs Sofa gesetzt hat. Diese Handlung wird mit der Zeit ebenso zur Gewohnheit wie viele andere auch. Beim ersten Mal sagt er noch zu mir: »Uff, tut mir mein Rücken weh. Bitte, hilf mir doch beim Schuheausziehen, Dickerchen!«

Bald aber macht er sich nicht einmal mehr die Mühe, mit mir zu reden, sondern streckt mir einfach seinen Fuß entgegen.

Später steht dann das Zeremoniell des Toilettengangs an. Er kündigt an, dass er zur Toilette gehe, lässt die Tür offen und verlangt von mir, ebenfalls die Treppe heraufzukommen. (Als Bilal größer ist, gilt für ihn das Gleiche.) Ich setze mich aufs Bett. Von dort habe ich direkte Sicht auf ihn, da die Toilettentür dem Schlafzimmer genau gegenüberliegt. Er erzählt mir von seinem Tag. Lang und breit, bis ins letzte Detail. Und das jeden Tag, wo seine Arbeitstage doch weitgehend gleich ablaufen. Dann verlangt er seine Prospekte. Damit meint er die Werbeprospekte der umliegenden Supermärkte, die oft im Briefkasten stecken. Er will jeden Tag einen neuen gereicht bekommen. Ich hüte sie sorgsam und bewahre sie auf für Tage, an denen kein Prospekt im Briefkasten ist. Diese Blättchen sieht er peinlich genau durch. Yassine ist immer auf der Suche nach einem Schnäppchen. Wenn er etwas entdeckt, muss er auf der Stelle los, um es zu kaufen. Ist das nicht der Fall, geht es unter die Dusche. Auch hier erhalte ich eine Anweisung nach der anderen.

»Das Duschgel, Dickerchen!«

»Hier, bitte …«

»Jetzt das Shampoo, Dickerchen!«

»Hier, bitte …«

»Und nun das Handtuch, Dickerchen!«

Etwa fünfzehnmal in Folge. Immer wieder muss ich die Treppe hochrennen, da ich in der Zwischenzeit bereits in der Küche das Abendessen zubereite. Ich muss ihm genau erklären, was ich zwischen den einzelnen Gängen tue. Er schreit aus dem Bad heraus: »Was machst du?«

»Ich gehe die Treppe hoch.«

»Ja, klar, aber davor, was hast du davor gemacht?«

»Gekocht.«

Es nimmt kein Ende.

Ich habe ihm seine Kleider auf dem Bett zurechtgelegt. Er zieht jetzt seine Feierabendkleidung an – kurze Hose und T-Shirt –, kommt herunter und setzt sich vor den Fernseher. Von dort rührt er sich nicht mehr fort. Ich habe dafür gesorgt, dass die Fernbedienung auf dem Tisch liegt. Er verlangt nach seinem Aperitif, und damit sind wir beim Ritual des allabendlichen Whiskys …

Während der Phasen, in denen er arbeitet, beginnt Yassine jeden Abend um achtzehn Uhr zu trinken. Nicht früher, und zwar keine einzige Minute früher … Er hält den Blick starr auf seine Armbanduhr gerichtet. Er wird den ersten Schluck exakt zur vollen Stunde nehmen.

Die vorbereitenden Maßnahmen dafür müssen akribisch getroffen werden. Yassine trinkt immer aus denselben Gläsern. Wir haben drei identische davon, und niemand außer ihm darf sie benutzen. Sie müssen mit sehr viel Sorgfalt gereinigt werden: Blitzblank haben sie zu sein. Also muss ich das Glas unmittelbar vor der Benutzung noch einmal spülen, selbst wenn es bereits sauber ist. Aber das ist eine komplizierte Angelegenheit: Ich muss es mit heißem Wasser abspülen, damit das Trocknen perfekt ausgeführt werden kann. Zu lange darf ich es wiederum nicht unter das heiße Wasser halten, weil es beim Servieren keinesfalls noch warm sein darf.

Ich schenke den Whisky ein, dann gebe ich die Eiswürfel hinzu. Fünf Stück. Hergestellt mit Mineralwasser, da Leitungswasser möglicherweise verunreinigt ist. Und so etwas würde Yassine nie entgehen. Zum Schluss gieße ich Coca-Cola dazu. Bei jedem neuen Glas (Yassine trinkt den ganzen Abend über ...) muss ich eine neue Cola-Dose öffnen, selbst wenn die letzte noch nicht aufgebraucht ist. Bereits nach einer Viertelstunde ist die Cola unter Umständen schal geworden ... Für mich selbst hingegen kommt es nicht infrage, eine neue Dose zu öffnen.

»Nein, du brauchst keine neue aufzumachen. Trink erst meine leer!«

Hat er seinen ersten Schluck genommen, atme ich tief durch. Normalerweise ist das der Beginn eines Abends ohne weitere Dramen. Das Trinken entspannt ihn. Anschließend schaut er fern, und das hält ihn in der Spur. Ich habe Unterhaltungssendungen wie »Touche pas à mon poste« schätzen gelernt – nicht etwa, weil sie mich interessieren, sondern weil sie ihn zum Lachen bringen, und das verschafft mir Freiraum. Ich bin noch nicht einmal dreißig Jahre alt und verbringe die Samstagabende Däumchen drehend auf meinem Sofa. Aber ich versuche, solche Gedanken nicht allzu groß werden zu lassen.

Ich habe auch gelernt, allen möglichen Klatsch aus dem Dorf aufzuschnappen und abzuspeichern, um unsere Konversation in Gang zu halten. Yassine liebt Klatsch. Er ist eine richtige Klatschbase. Ich werde zu einer Spezialistin, was das Dorfleben angeht, selbst wenn ich, abgesehen von den Verkäufern, gar nicht viele Leute treffe. Wenn ich sehe, dass er sich gleich aufregen wird, habe ich stets eine kleine Geschichte parat, die ich ihm erzählen kann. Mein Gehirn ist ständig in Aktion: Ich muss an alles denken und alles vermeiden, was ihn in Rage bringen könnte. Ich stehe unter Dauerstress. Ich schlafe nicht wirklich gut, denn schon dem geringsten Geräusch spüre ich nach. Die kleinste Bewegung versetzt mich in Alarmstimmung … als würde unentwegt irgendeine Gefahr lauern. Es ist ein instinktives Verhalten, das durch die Unvorhersehbarkeit von Yassines Reaktionen herbeigeführt wird. Selbst wenn ich glaube, dass ich alle Gefahren ausgeschaltet habe, dass alles an Ort und Stelle ist, kann ein harmloses Detail den ersten Faustschlag auslösen. Und diesem folgt dann eine ganze Serie weiterer Schläge. Als müssten sich die Schleusen der Gewalt nur erst einmal öffnen …

Ich komme nie zur Ruhe.

Wenn Bilal gegessen hat, werde ich ihn hinlegen. Bis er eingeschlafen ist, muss ich an seiner Seite bleiben, denn Yassine erträgt es nicht, ihn weinen zu hören. Es regt ihn auf und ängstigt ihn gleichermaßen. Er fragt sich, warum der Kleine weint: Es bringt ihn schlicht durcheinander. Also bleibe ich im Schlafzimmer. Um ehrlich zu sein, das missfällt mir keineswegs, weil es mir die Gelegenheit gibt, Abstand zu Yassine zu wahren und damit mögliche Ärgernisse zu vermeiden. Aber diese Phase währt nie allzu lange. Wenn ich nicht schnell genug herunterkomme, ruft Yassine auch schon nach mir und fragt, was ich treibe. Mit seinem Geschrei macht er Bilal womöglich wieder wach. Und wenn das geschieht, beginnt der Kleine natürlich zu schreien …

Läuft alles gut, wird der Abend vor dem Fernseher verbracht. Rauchend. Jedenfalls raucht Yassine. Ich habe das Rauchen während der Schwangerschaft aufgegeben, und Yassine will nicht, dass ich wieder damit anfange. Basta. Ein weiterer Punkt, um mir klarzumachen, wer hier das Sagen hat.

Nur hin und wieder gesteht er mir das Recht zu, eine einzige Zigarette zu rauchen, aber wehe, wenn auch nur ein bisschen Asche runterfällt.

»Siehst du, du bist nicht einmal mehr in der Lage zu rauchen! Nicht einmal rauchen kannst du! Warum willst du denn dann überhaupt rauchen? Leg sie weg, es bringt alles nichts, du kannst eben einfach nicht rauchen!«

12

Ein schlechter Tag

Neben der Haustür steht ein kleines Tischchen, auf dem sich immer eine Dose mit Kleenex-Tüchern befindet. Wenn Yassine nach Hause kommt, geht sein erster Griff sofort zu dieser Dose. Er reißt ein Tuch heraus, um die Sauberkeit im Haushalt zu überprüfen. Er geht durch das Wohnzimmer und fährt mit dem Kleenex-Tuch über alle Oberflächen, um zu prüfen, ob noch irgendwo Staub liegt. Natürlich wird er immer welchen aufspüren. Auch wenn ich selbst – zum x-ten Mal am Tag – noch eine Stunde zuvor alles abgewischt habe. Es wird immer irgendein winziger Fussel zu finden sein, der ihn zum Ausrasten bringt. Dabei weist unser Haus wirklich ein aseptisches Klima auf, das brauche ich nicht weiter zu betonen.

Wenn er in einer unguten Verfassung ist, dann findet er zwangsläufig immer etwas. Und wie so oft hat er mir auch diesmal eine Falle gestellt: Er hat einen kleinen Papierfetzen im hintersten Winkel hinter einem Möbelstück versteckt. Er steuert direkt auf dieses Möbelstück zu, rückt es zur Seite und holt mit triumphierender Miene seinen Papierfetzen hervor.

»So, du hast also gründlich geputzt? Bist du sicher?«

Er hält mir den Papierfetzen unter die Nase.

»Ich habe ihn gestern dort hingelegt, um zu sehen, ob du wirklich putzt. Du lügst also. Ich sehe dir an der Nasenspitze an, dass du eine Lügnerin bist! Du lügst unentwegt, und den Haushalt erledigst du auch nicht! In einer Stunde bist du dran …«

An solchen Tagen bringt eine winzige Kleinigkeit das Fass zum Überlaufen, das weiß ich nur zu gut. Einmal hat er beispielsweise ein Glas Orangensaft verlangt – frisch gepresst selbstverständlich: Ich stelle ihn auf die Anrichte, ohne einen Untersetzer unter das Glas zu schieben. Und schon geht das Drama los. Aber was für ein Drama …

»Du bist ein Dreckschwein! Ich bitte dich um ein Glas, und du bist nicht einmal in der Lage, einen Untersetzer bereitzulegen! Aber dir ist ja alles scheißegal! Das gibt Kratzer auf den Kacheln, aber Madame schert sich ja nicht darum!«

Anfangs habe ich noch versucht, dem Ganzen die Spannung zu nehmen.

»Mein Schatz, es geht doch nur um einen Untersetzer …«

Aber die Tatsache, dass ich ihm eine Antwort gebe, regt ihn noch mehr auf. Also zeige ich mich nur noch reumütig: »Entschuldige, mein Schatz, es tut mir leid. Ich bin dumm, du hast vollkommen recht. Pardon.«

Mit diesen Worten schaffe ich eiligst einen Untersetzer für das Glas herbei.

Er sieht auf seine Armbanduhr. Der Countdown beginnt. Minute für Minute verstreicht, die Lektion rückt näher. Es ist unvorstellbar, welche Wirkung das hat. Manchmal kommt es mir so vor, als würde der Schmerz der bisher schon erhaltenen Schläge wieder akut, einfach nur, weil der nächste Countdown läuft. Ich weiß, welche Schmerzen er mir zufügen wird, aber ich kann nichts dagegen tun. Wie eine Maus sitze ich in der Falle. Meine Anspannung steigt immer weiter, ein Gemisch aus Angst und ohnmächtiger Wut. Ich bin ihm ausgeliefert, es gibt keinen Ausweg. Manchmal verfluche ich mich sogar selbst dafür, dass es mir nicht gelungen ist, alles perfekt zu machen. Ich hadere damit, dass ich meine Aufgaben nur unzulänglich erledigt habe, dass ich nicht alles so perfekt machen konnte, wie er es wollte. Ich bin schuld, ja, ich bin schuld, so wiederholt er es mir immer wieder. Nach und nach verliere ich jegliche Orientierung...

Das Warten ist so schrecklich, dass ich mir manchmal wünsche, die Zeit würde schneller vergehen. Damit es endlich vorbei wäre. Ich werde furchtbare Schmerzen haben, er wird mich zum Krüppel schlagen. Aber danach werde ich wenigstens nicht mehr diesen Druck verspüren, denn die in Aussicht gestellten Qualen schnüren mir den Magen zu. Warten und dabei Angst haben, das hält man nur sehr schwer aus.

Am liebsten würde ich ihm zurufen: »Los, mach schon, schlag mich! Schlag mich, damit ich es endlich hinter mir habe!«

13

Nichts sagen, nichts zeigen ...

In dieser Phase unseres Zusammenlebens werde ich zur Expertin in allen Fragen des Schminkens. Ich teste sämtliche Marken durch, bis ich das Make-up gefunden habe, das am besten abdeckt. Yassine schlägt nicht immer ins Gesicht, aber ich trage hin und wieder Spuren davon, die lange brauchen, bis sie verschwinden. Also kaschiere ich sie.

Das Schlimmste ist, dass man mich dann auch noch häufig zu meinem guten Aussehen beglückwünscht ...

Dieser Aspekt ist besonders bitter. Ich habe überall Schmerzen, bin am Boden zerstört – und gleichzeitig spricht man mich auf mein gutes Aussehen an. Einfach zum Verrücktwerden! Aber natürlich erwidere ich nichts darauf. Beim Abschminken abends tritt dann gewissermaßen die Wahrheit langsam wieder zutage. Unter den dicken Make-up-Schichten zeichnet sich ein blauer Fleck nach dem anderen ab ...

Warum ich schweige? Warum ich das alles ertrage? Ich weiß, dass das schwer zu erklären ist, dass die Leute mich sehr häufig seltsam ansehen, wenn ich meine Geschichte erzähle. Zumindest diejenigen, die sich mit den Geheimnissen der psychischen Folter, der Einflussnahme, den Mechanismen von Gewalt nicht auskennen.

Zunächst trage ich ganz tief in mir verankert die Vorstellung, dass ich eine echte Familie gründen will. Mein Baby ist so klein, ich will ihm in unserem Heim die Chance geben, zu einem ausgeglichenen Wesen heranzuwachsen. Jedes Mal denke ich, dass sich alles fügen wird, dass alles besser werden wird. Ich will auf keinen Fall ein Familienmuster reproduzieren, das ich selbst kennengelernt habe: eine Familie, in der es keine wahre Liebe gibt, die nicht zusammenhält, auf die ich nicht wirklich zählen kann. Wenn es um das Wohlergehen von Bilal geht, dann fühle ich mich fähig, Berge zu versetzen. Ich will das Beste für ihn.

Außerdem macht Yassine mir Angst. Er ist zu allem fähig. Würde ich fliehen, so würde er mich in kürzester Zeit aufspüren. Niemand würde es wagen, ihm die Stirn zu bieten. Eines Tages kam seine Mutter mich besuchen. Sie hatte begriffen, was ich erdulden musste, und wusste um das Gewaltpotenzial, das in ihrem Sohn steckte. Sie wollte mich »in Sicherheit bringen«. Sie wiederholte mehrmals eindringlich: »Du musst ihn verlassen. Er ist ein wahrer Teufel. Ich habe einen Teufel zur Welt gebracht. Er drangsaliert alle um sich herum, und das von klein auf.«

An jenem Tag brachte sie mich mit Bilal in ein Hotel: Ich sollte mich dort verstecken. Am Abend klopfte es an meine Tür. Es war Yassine. Seine Mutter hatte die Adresse des Hotels am Ende doch preisgegeben, wo sie uns, Bilal und mich, »in Sicherheit« gebracht hatte.

Es kommt mir damals so vor, als würde ich mich nie aus seinen Fängen befreien können. Und die Zukunft wird das bestätigen. Ich werde gezwungen sein, meinen Wohnsitz eineinhalb Jahre geheimzuhalten – und dennoch findet Yassine heraus, in welcher Stadt ich Unterschlupf gefunden habe, sodass ich mich dort in der Ferne ein weiteres Mal in einen völlig abgelegenen Winkel auf dem Land verkriechen muss.

Zu guter Letzt hege ich auch immer noch die tiefe Überzeugung, Yassine »retten« zu können. Ich rede mir ein, dass es ihm schlecht geht, ich aber die Einzige bin, die ihn verstehen und etwas für ihn tun kann. Wir sind doch zwei Seelenverwandte, das hat er mir erfolgreich eingebläut. Wir sprechen dieselbe Sprache, eine Mischung aus Argot, Schlüsselwörtern und Zeichen, die nur wir beide kennen. Es fällt mir sehr schwer, mich von dieser Illusion zu lösen.

Warum ich schweige? All diese Gründe spielen dabei eine Rolle. Und vielleicht auch noch andere, für die ich nur schwer die richtigen Worte finde. Wie zum Beispiel das Schuldgefühl. Die Schuld, eine solche Beziehung zu leben. Eine solche Gewalt auszulösen … Ich fühle mich schuldig, ich sage mir, dass ich nicht gut genug bin. Oder auch, dass ich vollkommen verrückt bin, wie er es mir so oft eintrichtert. Sobald ich nicht tue, was seiner Vorstellung nach zu tun ist, oder gar Anstalten mache, gegen ihn aufzubegehren, fährt er mich scharf an: »Du bist verrückt!«, verrückt, reif für die Klapse. So verrückt, dass man mir womöglich meinen Sohn wegnimmt ... Angesichts meiner Erschöpfung, der Schmerzen und der täglichen Angst kann ich nicht mehr klar denken. Unter seinen vernichtenden Beschimpfungen und den endlosen Schlägen verliere ich jeglichen Halt.

Ich verstehe mein Leben nicht mehr. Ich habe nicht genug Kraft, um das alles auch nur ansatzweise kritisch zu sehen. Ich bin vollkommen fixiert auf die unmittelbaren Fragen jedes neuen Tages: Wird alles gut gehen? Wird Yassine gute Laune haben? Wie werde ich ihn beruhigen können, um mich und Bilal zu schützen?

Er saugt all meine Energie auf.

Ich bin eingesperrt.

14

Yassine, der Schmeichler

»Oh! Sie sehen heute aber wirklich gut aus! Haben Sie eine neue Frisur?«

Yassine setzt ein strahlendes Lächeln auf. Wir begegnen einer Nachbarin, einer alten Dame aus dem Dorf, und er macht ihr gegenüber ganz auf Schmeichler, wie er es so gut kann. Nichts einfacher als das – alle alten Damen im Dorf himmeln ihn an. Er ist zuvorkommend, hilft ihnen, ihre Einkäufe nach Hause zu tragen, und hat immer ein freundliches Wort für sie. Das geht so weit, dass eine der zahlreichen Omis einmal, als er auf einer Baustelle in der Nähe arbeitete, begann, ihm am Nachmittag etwas zu essen vorbeizubringen.

Und die alten Leute sind nicht die Einzigen, die in den Genuss seiner Fürsorge kommen. Als wir einmal in Paris waren, sahen wir, wie ein Typ auf der Straße von einer ganzen Gruppe angegriffen wurde. Wir waren im Auto, und Yassine hat nicht lange gefackelt. Er parkte und stieg ganz ruhig aus, während er zu mir sagte: »Ich bin gleich zurück, mein Herzblatt …«

Dann öffnet er den Kofferraum, wo er immer eine Eisenstange oder einen Stock bereitliegen hat, und schließt ihn wieder. So bewaffnet, rennt er dann wie ein Verrückter laut schreiend auf die Typen zu. Es waren mehrere, aber sie bekamen wirklich Angst und suchten auf der Stelle das Weite. Ihr Opfer war ungeheuer erleichtert ... Der Typ dankte Yassine immer und immer wieder, worauf dieser großzügig abwiegelte: »Aber nicht doch ...«

Wenn Yassine sieht, wie jemand im Zug bedrängt wird, mischt er sich unverzüglich ein. Es kommt für ihn nicht infrage, so etwas zuzulassen oder den Blick abzuwenden. Er besitzt einen Gerechtigkeitssinn, der in bestimmten Situationen wach wird.

Als wir uns kennenlernten, hat es mich wirklich beeindruckt, wie er auftrat: stark und mutig, jederzeit bereit, anderen zu helfen. Ich habe mir gesagt, dass so jemand nicht schlecht sein könne. Selbst als ich später all seine Schwächen und sogar seine schlimmsten Fehler sah, habe ich lange starrsinnig daran festgehalten, dass auch er ein guter Mensch werden könne. Es war diese Ambivalenz, die es mir so schwer machte, seine abgründige Persönlichkeit zu erkennen. Und natürlich wollte ich vor allem das Gute in ihm sehen.

So, wie er stets den richtigen Ton anschlägt, um den alten Damen zu gefallen, weiß er sich auch in anderen Zusammenhängen vorteilhaft auszudrücken. Als wir ungefähr zwei Jahre zusammen waren, musste Yassine wegen Fahrens ohne Fahrerlaubnis vor dem Strafrichter erscheinen. Er besaß zwar seinen ägyptischen Führerschein, aber als Franzose hätte er die Prüfung in Frankreich noch einmal machen müssen. Und nun war er als Wiederholungstäter in dieser Sache erwischt worden.

Vor ihm wurden einige Halbstarke aus einschlägigem Milieu in den Zeugenstand gerufen – Burschen, die sich schlecht ausdrückten und obendrein gegenüber dem Gericht respektlos auftraten. Dann kam er und schlug einen vollkommen anderen Ton an.

»Frau Richterin, ich benötige Ihre Hilfe. Ich bitte um die Hilfe der Justiz. Mir ist klar, dass ich einen Fehler gemacht habe …«

Die Überraschung aller Leute im Saal war spürbar. Eine positive Überraschung.

Die Richterin antwortete: »Ja, es ist auch unsere Aufgabe zu helfen.«

Er kam mit einem Bußgeld davon, einer elektronischen Fußfessel und der Auflage, umgehend den französischen Führerschein zu machen. Dabei hatte ihm eine weitaus härtere Strafe gedroht.

Es war das erste Mal, dass ich miterlebte, wie er mit den Repräsentanten der Justiz umgeht. Yassine sagt den (wichtigen) Leuten stets, was sie gerne hören wollen. Und wenn es sein muss, besitzt er Nerven wie Drahtseile. Er kann sich sehr gut verkaufen. Es ist ihm ein Leichtes, Leute um den Finger zu wickeln. Noch heute sehe ich die Polizisten in unserem kleinen Dorf vor mir, die anlässlich einer satten Geschwindigkeitsübertretung von Yassine lediglich die Stirn runzelten und ihm mit dem Finger drohten – gerade so, wie man es bei einem ungezogenen Kind tut. Nicht einmal angehalten haben sie ihn.

Yassine ist aber auch jemand, der meiner Ansicht nach anderen gegenüber durchaus aufmerksam sein kann, ohne dass es gespielt ist. Er erinnert sich beispielsweise oft an Geburtstage. Oder daran, was seine Gäste gerne trinken. An Dinge, die vermuten lassen, dass er sich für sein Gegenüber interessiert. Begegnet er einem Kumpel, der mit seinem Kind unterwegs ist, so macht er ihm sofort Komplimente.

»Oh, wie süß der Kleine ist!«

Sogar dessen Alter hat er dann noch im Kopf und auch andere Kleinigkeiten, die Eltern gern hören. Ist sein Freund ein paar Schritte weitergegangen und damit außer Hörweite, platzt es aus ihm heraus: »Mann, war der hässlich, der Knirps! Rühr ihn bloß nie an!«

Aber er würde etwas so Hässliches seinem Gegenüber niemals direkt ins Gesicht sagen.

Seine Feinfühligkeit trat ein paarmal kurz nach der Geburt von Bilal zutage. Es kam vor, dass Yassine selbst anfing zu weinen, wenn er ihn weinen hörte. Aber er war jedes Mal ratlos, wenn es ihm dann nicht gelang, ihn auf den Arm zu nehmen und ihn zu liebkosen.

Ich hatte früher schon einmal beobachtet, dass er sich seiner Katze gegenüber ähnlich verhielt. Er erträgt es nicht, dass sie krank ist oder irgendwelche Schmerzen hat. Wenn das der Fall ist, zerreißt er sich fast, um ihr Linderung zu verschaffen. Er kauft ihr Lachs oder bettet sie vorsichtig auf das Sofa, während sie sonst nicht einmal eine Pfote auf das gute Stück setzen darf.

Und wenn Yassine der Katze irgendetwas verbietet, dann hört sie auf ihn und ist folgsam. Er hat es geschafft, sie zu dressieren. Er duldet es nicht, dass eine Katze herumstreicht, wo sie will: Eine Katze gehört in ihr Körbchen, und außerdem ist sie dazu da, Mäuse zu fangen. Basta. Ich glaube, unsere Katze hatte einfach solche Angst vor ihm, dass sie ihm aufs Wort gehorchte. Auf jeden Fall machte das bei allen ganz schön Eindruck. Yassine hatte es sich sogar angewöhnt, draußen mit ihr spazieren zu gehen. Ohne Leine oder Ähnliches. Die Katze folgte ihm klaglos auf Schritt und Tritt. Andere flanierten mit ihrem Pitbull auf der Straße, er ging mit seiner Katze nach draußen. Besonders lustig war, dass der Pitbull eines Freundes eine Heidenangst vor unserer Katze hatte. Auch das erfüllte Yassine mit ungeheurem Stolz.

Yassine ist also in der Lage, eine Katze zu bändigen, und zugleich verliert er die Fassung, wenn irgendetwas mit dem Tier nicht in Ordnung ist.

Umgekehrt spürt die Katze stets untrüglich, in welcher Stimmung Yassine ist. Das ist wirklich verblüffend. Wenn ich höre, dass Yassine heimkommt, weiß ich anhand ihrer Reaktion, wie der Abend verlaufen wird.

Wenn sie sich versteckt, bedeutet das Krieg … todsicher!

In diesem Fall versuche ich, beruhigend auf Yassine einzuwirken. Ich schlage einen sanften und mitfühlenden Ton an.

»Geht es dir gut, mein Liebster?«

»Nein! Es geht mir überhaupt nicht gut! Ich hatte einen Scheißtag! Zieh mir meine Schuhe aus!«

Es geht also los … Eines weiß ich dann schon mit Sicherheit: An diesem Abend kann ich ihm nichts recht machen. Selbst wenn ich mein Bestes gebe, wird die Stimmung sich hochschaukeln. Schon ein bloßes Ja oder Nein, und das Verhängnis nimmt seinen Lauf: »In zwei Stunden bist du dran!«

Solche Abende kommen deutlich häufiger vor, seit Yassine bei einer Firma für Trockenbau arbeitet. Nachdem er bei dem Klempner aufgehört hatte, war er eine Zeit lang arbeitslos, bevor er diese Arbeit annahm, die ihm sein bester Freund anbot. Ich hatte ihm eindringlich davon abgeraten, mit seinem Kumpel zusammenzuarbeiten. Ich kannte ihn und ahnte, dass sie sich überwerfen würden. Yassine würde es nicht ertragen, Anweisungen seines Kumpels auszuführen. Er würde sich wie gewöhnlich in den Vordergrund spielen wollen.

Yassine will stets der Beste sein. Er erträgt es nicht, wenn eine Arbeit nur halbherzig ausgeführt ist, wenn geschludert wird oder die Werkzeuge dreckig sind.

Wenn man beim Trockenbau »normalerweise« vierzig Platten am Tag verlegt, so ist es für ihn eine Ehrensache, achtzig zu verlegen. Und zwar einwandfrei. Diese Eigenschaft schätzte sein Chef verständlicherweise sehr an ihm: Seine Arbeit ist immer hervorragend erledigt. Noch nie hat sich ein Kunde beklagt, niemals gibt es Reklamationen. Das bringt ihm Wertschätzung ein. Aber seine Kollegen zahlen einen hohen Preis dafür. Er findet ihre Arbeit schlecht, unentwegt macht er ihnen Vorwürfe, und am Ende will er mit niemandem mehr zusammenarbeiten – und niemand will mehr mit ihm zusammenarbeiten. Das gestaltet sich auf einer Baustelle freilich sehr schwierig. Die verschiedenen Bautrupps müssen sich gut absprechen.

Es herrscht also eine permanente Spannung.

Diesen Druck muss er regelmäßig abbauen.

Dafür bin ich da …

Ich werde zum Punching-Ball, an dem er sich abreagieren kann.

Der Countdown läuft unmittelbar an, nachdem ich den Kleinen zu Bett gebracht habe. Während ich ihn im Schlafzimmer hinlege, höre ich, wie unten die Vorhänge zugezogen werden. Ich weiß, was mich erwartet. Langsam gehe ich die Stufen hinunter, verweile noch einen kurzen, stillen Augenblick auf jeder Stufe: Ich atme tief durch, spüre meinen Körper, dem es noch einigermaßen gut geht, denn noch habe ich an keiner Stelle akute Schmerzen, und das will ich auskosten.

Dieser Gang die Treppe hinunter ist der krönende Abschluss des Countdowns. Das Gefühl, sich mit jedem Schritt unausweichlich seinem Peiniger zu nähern, jagt mir einen Schauer über den Rücken. Stufe für Stufe spüre ich, wie meine Muskeln in Aufruhr geraten, und ich kann mein Zittern kaum noch unterdrücken. Er darf meine Angst nicht sehen. Meine Angst bringt ihn noch mehr gegen mich auf und steigert seine Gewalttätigkeit nur noch. Ich muss es einfach schaffen, mich auf den Beinen zu halten, nicht mit den Augen zu zwinkern, wenn seine Faust auf mein Gesicht zuschnellt. Die Knöchel treten weiß hervor, so fest presst er sie zusammen. Dieser Augenblick »davor« ist eine solche Qual, dass ich das Ende manchmal kaum erwarten kann – es soll endlich »so weit« sein, damit ich an das Danach denken kann. Das Schrecklichste sind seine angedeuteten Schläge, seine »Täuschungsmanöver«, wie er es nennt, mit denen er sehen will, ob ich reagiere. Wenn ich bereits unerträgliche Schmerzen habe, ist auch der Augenblick vor jedem neuen Schlag grauenhaft. Ich kauere mich zusammen, um mich ein wenig zu schützen, mein ganzer Körper ist verkrampft und angespannt. Ich versuche, seine Aktionen zu antizipieren, und spüre gleichzeitig, wie die Angst all meine Muskeln lähmt. Es ist furchtbar zu wissen, dass man nichts ausrichten kann, dass man wie eine Gefangene seinem Peiniger auf Gedeih und Verderb ausgeliefert ist.

Noch heute erstarre ich bei dem Geräusch von Gardinenringen, die über ihre Stange gleiten.

An »schlechten Tagen«, wenn er schon entnervt nach Hause kommt, kann jeden Augenblick alles außer Kontrolle geraten. Ich weiß, dass es nur eine Frage der Zeit ist.

Er geht immer mit den Zeitungsprospekten auf die Toilette. Hat er sie durchgelesen, wirft er sie auf den Boden. Dann schreit er mich an: »Was ist mit den Prospekten? Glaubst du etwa, sie räumen sich von alleine auf?«

Ich gehe nach oben. Ich hebe alles auf. Offenbar sieht man mir an, dass ich wütend bin, denn er hakt nach: »Was ist? Hast du ein Problem?«

»Nein, mein Liebster.«

»Ach! Ich dachte schon, du hättest ein Problem!«

Mir ist ein Aufschub vergönnt, denn er hat in einem Prospekt etwas entdeckt.

»Mach den Kleinen fertig, wir gehen einkaufen!«

Jetzt muss es blitzschnell gehen. Wenn er aus der Toilette kommt, muss Bilal bereits in seinem Kindersitz im Auto sitzen. Ich bin fertig, der Schlüssel steckt. Ich bete, dass wir jemandem begegnen, der ihm etwas Ablenkung verschafft, oder dass die Einkäufe ihm etwas Zerstreuung bieten und seine Laune heben. Aber eine winzige Kleinigkeit reicht aus, und schon ist seine schlechte Laune wieder da.

»Was möchtest du denn heute Abend essen, mein Liebster?«

»Was, hast du etwa noch nicht einmal darüber nachgedacht, was wir essen sollen?«

Meine Angst ist sofort wieder wach.

»Doch, Liebster, aber vielleicht hast du ja Lust, etwas ganz Bestimmtes zu essen …«

Wir kehren nach Hause zurück. Yassine steigt aus dem Auto und überlässt es mir, alles auszuräumen. Wenn er den Großzügigen spielt, trägt er auch eine Tüte ins Haus. Dann macht er es sich auf dem Sofa gemütlich und sieht mir zu, wie ich alles wegpacke. Zuvor muss ich aber jede Dose mit einem Feuchttuch abwischen, um alles zu desinfizieren. Außerdem hat er sehr genaue Vorstellungen davon, wo jede einzelne Dose zu stehen hat.

»Nein! Das räumst du nicht dorthin! Dorthin doch nicht!«

Wenn mir unvorsichtigerweise ein Seufzer entfährt, geht alles wieder los.

»Hee! Hast du ein Problem? Es kommt mir gerade so vor, als hättest du ein Problem …«

»Nein, Liebster. Ich habe kein Problem, ganz sicher nicht.«

Er sucht förmlich Streit mit mir. Dabei geht es eigentlich nicht um mich, sondern um die abgrundtiefe Wut, die er in sich trägt und die herausmuss.

Da ich immer wieder sein Ritual der angetäuschten

Schläge erdulden muss, mit dem er meine Reflexe testen will, bin ich irgendwann sogar abgehärtet gegen diese Manöver. Einerseits regt ihn das auf, andererseits sagt er dann zu mir: »Siehst du, wie stark ich dich damit mache? Siehst du das? Du hast jetzt keine Angst mehr. Du hast es mir zu verdanken, dass du keine Angst mehr hast.«

Gerade so, als hätte er mir einen Dienst erwiesen.

Manchmal nimmt der Abend einen so üblen Verlauf und dauert so lang, dass er am nächsten Tag nicht zur Arbeit geht. Das ist dann der totale Horror für mich. Ein solcher Tag bedeutet die Gewissheit, dass alles schrecklich sein wird. Absolut schrecklich. Er wird mich demütigen, mich schlagen, mich den ganzen Tag über fertigmachen.

»Mann, ich habe nicht genug geschlafen, du bist mir die ganze Nacht auf den Wecker gegangen ... Das wird dir noch leidtun!«

Um mich zu schützen, rufe ich heimlich einen seiner Freunde im Dorf an.

»Wie geht es dir, Pierre? Hast du Lust, bei uns vorbeizukommen?«

Ich habe immer Angst, dass die Leute auf meinen Anruf zu sprechen kommen, wenn sie bei uns auftauchen. Also spiele ich ihnen etwas vor und flüstere ihnen rasch zu: »Sag ihm nicht, dass ich dich angerufen habe, aber es freut Yassine sehr, dich zu sehen. Geh ruhig rein. Ehrlich, er wird sich sehr freuen.«

Klingelt es an unserer Haustür, bedeutet das für mich also Erleichterung: »Gott sei Dank!«

Yassine erteilt dann auf der Stelle seine Befehle: »Bring die Kissen in Ordnung …«

Denn seine Hetzjagd auf mich hinterlässt immer etwas Unordnung. Blitzschnell muss ich jetzt alles aufräumen, dann diktiert er: »Ab nach oben mit dir! Und ich warne dich, wenn du wieder herunterkommst, lächelst du!«

Und ich komme mit einem Lächeln herunter, ich bereite einen perfekten Aperitif zu, ich bin freundlich zu allen. Mein Abend ist gerettet. Um keinen erneuten Wutanfall auszulösen, trage ich eine fröhliche Miene zur Schau. Eilfertig bin ich zu Diensten und lasse mir nicht anmerken, dass mir jede Bewegung höllische Schmerzen verursacht. Ich sehe ihn an, ohne meine Angst oder meine Bitterkeit zu zeigen. Es ist mir zu meiner zweiten Natur geworden, mir nicht anmerken zu lassen, wie es in mir aussieht. Ich lächle, ich bin stark, ich bin entspannt. Ich flüchte mich in den Humor. Ich habe keine andere Wahl, es geht ums Überleben.

Und Yassine wandelt sich zum idealen Gastgeber. Er scherzt, interessiert sich für die anderen und gibt das Bild eines großartigen Fürsten ab, der sich um seine Gäste sorgt.

15

»Der Schrei in der Nacht«

Es erwies sich als sehr nützlich, dass ich in der Schule Buchführung gelernt habe.

Im Zusammenleben mit Yassine war ich diejenige, die die Haushaltskasse verwaltete. Genauer gesagt, ich war diejenige, die die Abrechnungen machte, um ihm dann jeden Tag vorzulegen, was wir ausgegeben hatten und wie viel Geld noch da war. Und ich war auch diejenige, die an einigen Stellen sehr günstig verhandelte.

Zum Beispiel, als Yassine Anfang 2009 seine Arbeit als Klempner aufgab.

Die Arbeit ist hart, und mit den Kollegen läuft es nicht gut. Irgendwann hat er sich sogar mit dem Bruder seiner Stiefmutter geschlagen. Darauf beschließt der Chef, ihn zu feuern. Yassine ist außer sich vor Wut und fordert: »Wenn ich gehe, dann zahlst du mir aber fünfundzwanzigtausend Euro Abfindung.«

Alle lachten ihn aus. Aber nicht lange, denn kurz darauf begann ich, jeden Tag in dem Unternehmen anzurufen und zu verhandeln. Das tat ich natürlich nicht aus eigenem Antrieb: Yassine hatte mir so zugesetzt, dass ich mich für sein Anliegen ordentlich ins Zeug legte. Ich wusste, dass ich ein gutes Ergebnis erzielen musste, dass Yassine mich andernfalls dafür bezahlen lassen würde. Das war Motivation genug, nichts unversucht zu lassen. Es gelang mir, so überzeugend zu argumentieren, dass ich am Ende siebzehn- oder achtzehntausend Euro herausschlug. Dabei konnte Yassine lediglich ein gutes Jahr Betriebszugehörigkeit aufweisen.

An diesem Tag war der Abend gerettet.

Dieses Geld wird jedoch sehr schnell aufgebraucht sein. Zunächst einmal kauft sich Yassine ein Quad. Einige seiner Kumpel in unserer Gegend vergnügen sich damit in ihrer Freizeit. Er will sich ihnen anschließen. Er hat ja nichts mehr zu tun, da er nicht mehr arbeitet – und er wird erst Anfang 2010 eine neue Arbeit aufnehmen.

Yassine war daran gewöhnt, immer viel Geld zur Verfügung zu haben. Als Kind wurde er von seinem Vater stets mit Geschenken überhäuft. Wenn er jetzt etwas haben will, dann kauft er es sich – so einfach ist das. Weitere Gedanken macht er sich nicht darüber. Am Abend sagt er mir dann zu Hause, was er ausgegeben hat. Und am nächsten Morgen fragt er mich, wie viel Geld noch in unserer Haushaltskasse sei.

In diese gemeinsame Kasse fließt natürlich sein Lohn, wenn er Arbeit hat, das Arbeitslosengeld und das Geld von ein paar Gelegenheitsarbeiten, mit denen wir das Monatsende abfedern.

Ich mache eine doppelte Buchführung: Ich liste auf, was wir in unserem Alltag ausgeben, und genauso liste ich auf, was wir durch unsere Arbeit einnehmen. So weiß ich immer ganz genau, wie wir finanziell dastehen. Als Yassine nun das Geld von der Klempnerei erhält, gibt er es sofort mit vollen Händen aus. Er geht aus und kauft alles, nach dem ihm der Sinn steht. Er lässt sich vom erstbesten Geschäftemacher hereinlegen. So schwinden unsere Ersparnisse in Windeseile dahin.

Ich versuche, ihn zu warnen, aber er fegt meine Bedenken beiseite. Ich rechne ihm vor, wie viel Geld wir noch haben, aber er schnauzt mich nur an: »Sieh zu, dass du damit auskommst! Oder bring selbst etwas Geld ins Haus!«

Aber wie soll ich das seiner Meinung nach denn tun?

Ich beginne, Verbraucherkredite aufzunehmen. Dafür habe ich falsche Gehaltsabrechnungen vorgelegt, sonst hätte ich diese Kredite gar nicht erhalten. Das Problem ist, dass mir mein Fehlverhalten sehr wohl bewusst ist und ich außerdem bald die fälligen Raten nicht mehr werde bezahlen können … Meine Angst wächst mit jedem Tag.

Ich bitte auch meine Mutter um Geld. Ich erinnere mich daran, dass ich sie einmal sehr aufgeregt angerufen habe.

»Mama, ich brauche dreitausend Euro! Und zwar dringend! Kannst du mir helfen?«

Sie hat sich das Geld auf ihren Namen geliehen, um

es dann mir zu geben. Das war sehr nett von ihr. Aber vielleicht hätte es mir mehr genutzt, wenn sie mich gefragt hätte, wozu ich dieses Geld benötigte, und wenn sie mir klargemacht hätte, dass mein Vorgehen ohnehin irgendwann auffliegen würde.

Und dann kam auch jener Tag, an dem Yassine aus irgendeinem Grund, vielleicht hat es ihm auch sein sechster Sinn eingegeben, verkündet, dass er zur Post gehe, um Geld zu holen.

»Nein, ich mach das schon …«

Ich versuche, ihn davon abzuhalten, erreiche aber nichts. Schon wirft er die Tür ins Schloss, und mich packt augenblicklich eine Höllenangst. Er wird mich umbringen.

Rasch schnappe ich Bilal und breche auf. Ich rufe Isabelle an, eine Freundin im Dorf.

»Weißt du was: Yassine hat alles herausgefunden. Er wird mich umbringen! Ich bin abgehauen.«

Ich bin dann mit meinem Sohn auf dem Arm in den nahe gelegenen Wald geflohen. Ich hatte nicht die geringste Ahnung, wo ich mich verstecken sollte. Ich wusste, dass ich nicht zu meiner Mutter gehen konnte. Dort hätte mich Yassine ebenso schnell gefunden wie bei meinen Bekannten. Ich war in totaler Panik. Es wurde langsam kalt, mein Baby würde frieren, und es dämmerte bereits … Also rief ich irgendwann die jüngere Schwester von Isabelle an.

»Komm und hol Bilal, bring ihn zu ihm zurück, da-

mit er nicht vollkommen ausrastet, ich muss mich verstecken …«

Yassine hatte in der Zwischenzeit all meine Freundinnen angerufen und ihnen das Problem ganz ruhig
dargelegt.

»Sag Morgane, dass alles nicht schlimm ist. Es geht
doch nur um Geld. Wir werden darüber reden und alles hinkriegen. Es ist nicht schlimm. Sie soll nur wieder
nach Hause kommen.«

Ich glaube, dass er zu diesem Zeitpunkt Angst hatte,
alles zu verlieren. Er war bereit, jedes Zugeständnis zu
machen. So bin ich nach Hause zurückgekehrt. Ich
konnte ohnehin nicht die ganze Nacht draußen unter
freiem Himmel bleiben.

Die Nachricht von meinem Verschwinden hatte sich
wie ein Lauffeuer verbreitet, und die jungen Leute aus
dem Dorf sowie seine Freunde hatten sich zum Aperitif bei uns eingefunden, wobei sich die Spannung allmählich löste. Tatsächlich verlief der Abend einigermaßen gut. Von außen gesehen, war alles wieder in Ordnung. Als ich kam, raunte mir Yassine lediglich im
Vorbeigehen zu: »Wir reden später …«

Da war mir sofort klar, wie es enden würde. Ich habe
mir nichts anmerken lassen, um nicht alles noch schlimmer zu machen. Aber eine eisige Kälte kroch in mir hoch,
bis sie mich fest im Griff hatte und nicht mehr losließ.

Gegen ein Uhr morgens sagten seine Kumpel: »Wir
gehen dann mal …«

Aber ich wusste, dass mein Abend jetzt erst begann.

Er drehte den Schlüssel im Türschloss herum und schob den Schlüsselbund in seine Hosentasche.

Jetzt ist es so weit! Ich sitze in der Falle. Er steuert mit geballten Fäusten auf mich zu. Seine Kiefer sind zusammengepresst, und in seinen Augen funkelt ein furchteinflößender Glanz.

Er schlägt mich wohlüberlegt. Auf den Kopf, aber an Stellen, die von meinen Haaren bedeckt sind, damit nichts zu sehen ist, auf den Körper, den Rücken, die Arme, Fußtritte donnern gegen das Schienbein. Mir blieb keine Zeit, die üblichen Vorkehrungen zu treffen: Die Messer liegen noch in seiner Reichweite. Und da ist es geschehen: Er greift nach einem der Messer, packt meine Hand und presst sie auf die Anrichte.

»Ich schneide dir die Finger ab!«

Schon beginnt er, Druck auszuüben. Ich spüre, wie die Klinge in mein Fleisch dringt. Ich will aus vollem Halse losschreien. Aber dann würde ich Bilal aufwecken, also muss ich still sein.

»Wo ist das ganze Geld?«

Ich erkläre es ihm, ich will meine Listen holen, und zwar die richtigen, die ich für mich und nicht für ihn mache. Auf diesen Listen ist alles verzeichnet, was er gekauft hat, und jede Summe, die ich ihm auf sein Verlangen hin ausgehändigt habe. Aber all meine Erklärungen nutzen nichts, er hört mir gar nicht mehr zu.

»Hast du einen anderen Typen? Willst du mich verlassen?«

Er ist in einer derartigen Verfassung, dass ich um mein Leben fürchte. Meine Schmerzen werden immer schlimmer, ich kann mich kaum noch rühren. Ich werfe einen Blick ins Wohnzimmer und sehe plötzlich, dass er vergessen hat, meinen Schlüsselbund einzustecken. Mit letzter Anstrengung gelingt es mir, ihn an mich zu bringen, zur Tür zu rennen und nach draußen zu stürzen. Schon glaube ich mich gerettet. Da er immer noch seine elektronische Fußfessel trägt, darf er das Haus nachts nicht verlassen. Wenn er mir folgt, wird durch die Fußfessel ein Alarm ausgelöst werden. Das ist zumindest meine Hoffnung. Oft genug hat Yassine sich einen Spaß daraus gemacht, sich unmittelbar vor die Tür zu stellen, um den Alarm auszulösen und die Polizei aufzuscheuchen. Aber jetzt rennt er mir einfach hinterher. Ich entwische ihm zunächst und kann mich hinter ein Auto flüchten. Mein Herz schlägt zum Zerspringen.

Einen Augenblick lang herrscht Stille. Er wartet ab. Yassine weiß nicht genau, wo ich bin, also ruft er nach mir. Wie nach einer Katze.

»Morgane … Morgane … Komm schon her …«

Dann bückt er sich und entdeckt meine Füße hinter dem Auto. Wir schleichen um das Fahrzeug herum, erst in die eine Richtung, dann in die andere. Gerade so, wie Kinder Fangen spielen. Jetzt aber habe ich solche Angst vor ihm, dass ich tatsächlich um mein Leben renne …

»Wehe, du schreist, Liebste«, zischt Yassine mir zu. »Dann weckst du alle Nachbarn auf.«

Aber ich schreie vor Verzweiflung laut los. Ein Schrei wie von fern, in dem sich meine abgrundtiefe Angst Luft macht. Ein Schrei, wie ich ihn noch nie von mir gegeben habe.

Mit einem Satz ist er neben mir und presst mir die Hand auf den Mund. Er ist über das Auto gesprungen. Wie Superman.

Er hat mich dann ins Haus zurückgezogen, ohne dass sich irgendwo ein Kopf an einem Fenster gezeigt hätte. Drinnen warf er mich aufs Sofa.

»So, jetzt hältst du die Schnauze, weil die Bullen gleich hier sein werden!«

Wir warteten. Und warteten. Beide blieben wir im Wohnzimmer, ohne zu schlafen. Ohne zu sprechen. Und ich, ohne mich zu rühren, in der Hoffnung, dass die Schläge nicht von Neuem losgehen würden.

Es kam niemand. Unsere Nachbarn müssen das Ganze für einen weiteren Scherz von Yassine gehalten haben. Und da irgendwann alles wieder still war, schien ja alles in Ordnung zu sein.

Um neun Uhr morgens klingelt es dann doch an der Tür. Wir waren beide letztlich über das Warten auf dem Sofa eingeschlafen. Yassine springt auf und rennt ins Schlafzimmer hoch. Er kommt mit Bilal auf dem

Arm wieder herunter – und außerdem hat er einen Revolver in der Hand. Seine beiden »Babys«, wie er es nennt.

»Mach die blaue Tür auf. Wenn es die Bullen sind und du irgendetwas sagst, bringe ich euch alle um!«

Die blaue Tür geht zur Straßenseite hin, führt jedoch nicht direkt nach draußen, sondern zu einem Vorraum, den wir uns mit der Nachbarwohnung teilen. Ich öffne also zunächst unsere Tür, die Yassine sofort wieder anlehnt, dann die eigentliche Haustür. Ich bete, dass es die Bullen sein mögen, am besten mehrere Kraftprotze.

Aber sie sind nur zu zweit, ein schmächtiges Bürschchen und eine Frau!

»Guten Morgen, ein paar Leute aus dem Dorf haben uns mitgeteilt, dass heute Nacht Schreie zu hören waren. Sie glaubten, dass die Schreie von Ihnen kamen …«

Ich habe zwar eine riesige Beule auf der Stirn, aber ich heuchle Überraschung.

»Wie bitte? Nicht doch …«

»Ist wirklich alles in Ordnung? Wie haben Sie sich denn die Beule auf Ihrer Stirn zugezogen?«

»Ich bin gefallen.«

»Brauchen Sie Hilfe?«

»Nein, das ist nicht nötig. Vielen Dank.«

Damit schließe ich die Tür wieder. Drinnen reicht Yassine mir Bilal.

Wortlos drücke ich meinen Sohn fest an mich. Ich herze und küsse ihn und lasse ihn all meine Liebe und Zärtlichkeit spüren. Als ich ihn auf dem Arm von Yassine in unmittelbarer Nähe dieser Waffe gesehen hatte, war mir beinahe das Herz stehengeblieben. Wie erstarrt hatte ich meinen Atem angehalten. Ich verspürte Angst. Eine unvorstellbare Angst, für die ich keine Worte finde. Angst, dass mein Sohn, der mir das Liebste auf dieser Welt ist, Opfer dieser Umstände werden könnte. Angst, ihn für immer zu verlieren. Ich wusste jetzt, dass dies das Schlimmste war, was mir jemals zustoßen konnte, und dass alles andere im Vergleich nicht zählte.

Diese Geschichte machte im Dorf natürlich die Runde. Viele Leute hatten mich schreien gehört.

Wenn sie darüber sprachen, war vom »Schrei in der Nacht« die Rede.

16

Keine andere Lösung

Damals, als ich weit weg von meiner Mutter und meiner Großmutter lebte, sah ich beide nicht mehr sehr häufig. Außerdem mochte Yassine familiäre Zusammenkünfte nicht besonders.

Seit ich mit Yassine zusammenlebte, hatten wir nur ein einziges Mal alle zusammen Weihnachten gefeiert. Das war in unserem zweiten Jahr, als ich schwanger war, es aber noch nicht wusste. Im Jahr zuvor hatte ich am 24. und 25. Dezember gearbeitet, also blieben wir bei uns zu Hause. Der Heiligabend bei meiner Mutter verlief harmonisch, entspannt und ruhig, aber als wir nach Hause kamen, war Yassine nicht gut drauf.

Ich habe nicht sofort begriffen, warum. Es war ein angenehmer Abend gewesen, alle hatten sich sehr nett mit ihm unterhalten. Ich habe dann versucht, aus ihm herauszubekommen, was ihm missfallen hatte, aber er gab lediglich preis, dass er alle Familienmitglieder verlogen finde. Mehr sagte er nicht, aber das war für ihn Grund genug, sie nicht mehr sehen zu wollen.

Und es war für ihn auch Grund genug, mich davon abzubringen, sie zu sehen.

Die Planung war jedes Mal so kompliziert, dass ich es

bald ganz aufgab. Wir riefen uns ab und zu an, und darauf beschränkte sich der Kontakt zu meiner Mutter auch schon. Sie fragte mich: »Kann ich dich besuchen?«

Und ich antwortete ihr: »Nein, jetzt nicht. Irgendwann vielleicht …«

Sogar, wenn mein jüngerer Bruder vorbeikommen wollte, musste ich Yassine einen Monat vorher Bescheid sagen.

Es war sehr bitter für mich, auf diese Weise von meiner Familie abgeschnitten zu sein, denn sie fehlte mir. Ich fühlte mich isoliert. Dennoch habe ich dies hingenommen, weil es sehr schwierig war, etwas mit Yassine zu besprechen. Angesichts der Spannung, die ein solches Gespräch jedes Mal hervorrief, nahm ich nach und nach Abstand davon. In gewisser Weise habe ich den leichteren Weg gewählt. Ich wollte allzu konfliktträchtige Situationen vermeiden. Da ich ohnehin nicht wusste, wo mir der Kopf stand, begehrte ich nicht auf. Ich unternahm keine Anstrengung, um die Situation genau zu analysieren, wie ich es in »meinem früheren Leben« getan hätte: in jenem Leben, wie ich es kannte, in dem ich nicht ständig unter Stress stand, in dem ich mich selbst wahrnahm und hinterfragte. Jetzt wusste ich nicht mehr, wo ich eigentlich stand, was mit mir los war. Es gelang mir nicht mehr, an das anzuknüpfen, was mich wirklich als Person ausmachte. Ich habe begonnen, in den Tag hineinzuleben. Ohne Plan und ohne groß nachzudenken.

Kurz nach der Geburt von Bilal wurde mir trotz allem ein Besuch meiner Familie gewährt.

Wie gewöhnlich hatte Yassine festgelegt, was es zu essen geben sollte. In diesem Fall sah er ein recht einfaches Mahl vor: Hähnchen mit Kartoffeln. Als meine Mutter und Großmutter bei uns eintrafen, blieb er im Bett liegen. Anfangs wurde das noch hingenommen, da ich erklärte, dass er lange gearbeitet habe. Aber schon bald schöpften sie Verdacht, vor allem, als ich mit dem unangetasteten Tablett wieder die Treppe herunterkam.

Er hatte sich jetzt doch anders entschieden. Ich musste für ihn etwas anderes kochen.

Noch heute spüre ich die Blicke meiner Mutter und meiner Großmutter auf mir ruhen, während ich ihm etwas anderes zubereitete. Vor allem meine Großmutter war geradezu empört. Sie machte mir Vorhaltungen. Ich kam in Bedrängnis und redete mich heraus: »Er ist müde, er ist krank, es geht ihm nicht gut ...«

Aber ich glaube nicht, dass sie sich täuschen ließen.

Es wurde schwer für mich, ihnen nahe zu bleiben. Meine Anrufe bei ihnen tätigte ich beinahe schon heimlich. Außerdem beschlich mich dabei stets ein ungutes Gefühl. Ich wusste, dass sie nicht wirklich verstanden, was bei uns vor sich ging, aber ich hatte keine Lust, mit ihnen darüber zu sprechen. Keine Lust, mich ihnen zu erklären und dann von ihnen zu hören, was ich ohnehin schon wusste. Ich fühlte mich bereits so sehr wie eine Gefangene ohne jeden Ausweg, dass ich mir »gute Ratschläge« ersparen wollte, die ich niemals würde beherzigen können.

In dieser Zeit habe ich viele meiner Freunde verloren. Im Grunde beinahe alle.

Da ist zunächst einmal meine gute Freundin Nathalie, mit der ich mich überwarf und mehrere Jahre lang keinen Kontakt hatte, bevor wir einander wiederfanden. Für meinen Cousin gilt das Gleiche. Aber auch weniger nahestehende Freunde rief ich nicht mehr an und traf sie nicht mehr, weil ich nicht mehr ausging. Nach kurzer Zeit bestand mein ganzes Umfeld nur noch aus Kumpeln und Bekannten von Yassine. Und aus seiner Familie, vor allem seinem Vater und seiner Stiefmutter. Er fand das gut so, denn für ihn zählte nur seine eigene Familie.

Die Familie und seine Kumpel aus dem Viertel. Die »Dorfjugend«, wie ich sie nenne. Das ist die ganze Clique, die ständig um Yassine kreist. Sie tauchen auf und trinken endlos lang Apéros bei uns. Es stört mich nicht einmal, wenn sie kommen: Das bedeutet wenigstens, dass ich an diesen Abenden nicht allein mit Yassine bin. Es bedeutet eine Pause. Sie sind jünger als wir, und so kann er leicht Einfluss auf sie ausüben. Sie haben allesamt Angst vor ihm, weil sie wissen, dass Yassine, wenn etwas nicht nach seinen Vorstellungen läuft, keinen Spaß versteht.

Ich erinnere mich, wie ein Streit aus dem Ruder lief. Es begann im Auto. Sie wollten zu dritt oder viert zu einer Abendunternehmung fahren, und natürlich saß Yassine am Steuer. Er liebt es, Auto zu fahren, und es kommt nicht infrage, dass jemand anderes das Steuer übernimmt. Yassine ist überzeugt davon, ein toller Fahrer zu sein. Aber natürlich fährt er viel zu schnell. Seine Beifahrer protestieren, vor allem, weil er auch noch getrunken hat: Sie haben schlichtweg Angst. Yassine ist eingeschnappt, legt noch einen Zahn zu, der Ton wird schärfer, und schließlich hält er an. Alle steigen aus, und schon fliegen die Fäuste. Yassine kriegt einen Schlag ab. Er stürzt sich auf seinen Angreifer, der im Laufschritt davonrennt. Da stolpert Yassine an der Bordsteinkante und legt sich der Länge nach hin. Das Knie ist schwer in Mitleidenschaft gezogen. Er kann sich nicht rühren. Einer der Typen kommt sogar noch einmal zurück, um ihm einen Fußtritt zu verpassen. Das ist die allerschlimmste Demütigung. Ich brauche nicht zu betonen, dass Yassine danach sehr, sehr schlechte Laune hat. Mit den Krücken neben sich liegt er wieder einmal auf dem Sofa – Letzteres zumindest ist gleichgeblieben …

Diese Zeit ist ein Albtraum für mich. Die Schläge mit den Krücken sind äußerst schmerzhaft. Yassine kommt nicht von seiner Wut los: Dieser demütigende Sturz, wo er sich doch unbedingt Achtung verschaffen wollte – an mir lässt er seinen Ärger aus. Er schraubt seine Ansprüche noch höher als sonst, und die Schläge mit den Krücken gehen auf mich nieder, sobald er mit einer Kleinigkeit nicht zufrieden ist.

»Ich renne den Typen hinterher, und dann mache ich mir das Knie dabei kaputt – wie stehe ich denn jetzt da?!«

Er ist so außer sich, dass er eine Nachricht in Umlauf bringt: Sobald er wieder auf den Beinen sei, würden sie alle mächtig Ärger bekommen.

Das Ende vom Lied ist, dass sich alle bei Yassine entschuldigen, wie er es verlangt hat. Sie müssen geahnt haben, dass es ihre letzte Chance war und sie besser daran taten, nicht zu warten, bis er wiederhergestellt war. Sie kamen zu uns nach Hause, Yassine empfing sie wie ein König: Er saß, während sie stehend vor ihm Abbitte leisteten.

»Hierher! Vor mich!«

Verunsichert traten die Typen näher.

»Jetzt entschuldigt ihr euch auf der Stelle!«

Sie kamen seinem Befehl nach.

»Es tut uns leid, Yassine. Wir entschuldigen uns. Wir werden allen sagen, dass es höchst unanständig war, dich auch noch zu treten, als du schon verletzt am Boden lagst.«

Wie kleine Kinder, die eine Dummheit gemacht haben, krochen sie zu Kreuze.

»Hmm. Nun gut … für dieses Mal soll es damit erledigt sein.«

Die Kerle gaben keinen Mucks mehr von sich und wagten es nicht mehr, ihm gegenüber großspurig aufzutreten.

Als ich sah, wie sie, obwohl zu mehreren, vor ihm klein beigaben, bestürzte mich das zutiefst. Tatsächlich gehorchen ihm alle. Und Yassine findet es lustig, dass die Leute ihn fürchten.

»So weiß ich, dass sie, auch wenn sie keinen Respekt vor mir haben, doch wenigstens Angst vor mir haben.«

Er hat es im Grunde aufgegeben, geliebt werden zu wollen. Es reicht ihm, gefürchtet zu werden.

Im Dorf kann er wirklich machen, was er will. Wir wohnen nur zweihundert Meter von einem Kiosk entfernt, der sich am Ende unserer Straße befindet. Trotzdem fährt er immer mit dem Auto dorthin. Steht das Auto gerade in der falschen Richtung, so setzt er einfach zurück. Niemand sagt etwas dazu. Wenn die Leute sehen, dass es Yassine ist, schweigen sie und gehen ihres Weges. Und die alten Damen finden ihn immer noch ganz reizend.

Reizend und unbezwingbar – das sind tatsächlich zwei Facetten seiner Persönlichkeit.

Aber auch eine extreme Gewalttätigkeit und absolut manische Züge sind ihm eigen.

Was mich betrifft, so habe ich nur zwei oder drei Freundinnen. Ich schließe nicht besonders schnell Freundschaft. Ich husche wie ein Schatten durch die

Straßen. Wenn ich Brot oder Zigaretten kaufe, drücke ich mich an den Häusern entlang oder verstecke mich hinter dem Kinderwagen. Ich rede mit niemandem, weil ich immer fürchte, dass es Yassine zu Ohren kommt. Die »Dorfjugend« berichtet ihm alles, was er wissen will, und sogar noch mehr, um weiterhin in seiner Gunst zu stehen.

Was meine Freundinnen angeht, so erzähle ich ihnen nichts von meinen Problemen, aber sie sehen sehr wohl, was vor sich geht. Allein schon die Art und Weise, wie Yassine mit mir spricht, ist verräterisch. Ergibt sich die Gelegenheit, so machen sie auch schon einmal eine Bemerkung.

Bei den Abendessen in kleinerer Runde kommt es vor, dass mir die eine oder andere zuflüstert: »Wie redet er denn mit dir, der spinnt ja vollkommen! Ich würde das echt nicht aushalten, ich wäre schon lange auf und davon …«

Das gibt mir natürlich zu denken. Aber eine Flucht ist einfach unvorstellbar. Wie soll ich eine so komplizierte Aktion zuwege bringen? Außerdem wird er mich aufspüren. Er wird zu meiner Mutter und meiner Großmutter gehen und ihnen zusetzen. Ich habe nicht die Kraft, ein solches Vorhaben in Angriff zu nehmen. Ich verspüre ständig überall Schmerzen, ich bin erschöpft, weil ich nicht genug Schlaf bekomme. Es kommt mir so vor, als ginge es einfach nur noch ums Weiterleben.

Einmal, als wir uns im Dorf treffen, wird meine Freundin Isabelle etwas direkter. Sie packt meine Hand, schiebt den Blusenärmel hoch und fragt mich: »Schlägt Yassine dich etwa?«

»Nein, ich bin gestürzt ...«

»Hör doch auf! Du stürzt doch nicht jeden Tag! Er schlägt dich ...«

Als ich nicht antworte, begreift sie, dass mein Schweigen einem Geständnis gleichkommt. Sie fährt fort.

»Du musst ihn unbedingt verlassen. Er wird dich irgendwann umbringen, Morgane.«

»Nein, misch dich nicht in meine Angelegenheiten ein. Du wirst nur Unannehmlichkeiten bekommen.«

Es ist alles ohnehin schon sehr schwer für mich auszuhalten, da will ich es auf keinen Fall riskieren, meine Freundin noch mit in diese Geschichte hineinzuziehen. Die anderen kann ich immerhin noch schützen.

Auch mein Cousin hat versucht, mir zu helfen. Er hat ebenfalls versucht, mich davon zu überzeugen, Yassine zu verlassen. Er hat mir seine Hilfe angeboten und wollte mich bei meinem Auszug unterstützen. Aber ich war nicht in der Lage, mein Heim aufzugeben. Das nahm er mir übel, und unsere Beziehung bekam dadurch einen Riss. Heute sehen wir uns nur noch recht selten. Er glaubte, mir eine Lösung auf dem Silbertablett zu präsentieren, und begriff nicht, warum ich nicht leichten Herzens das Weite suchte. Er verstand nicht, warum ich die Gelegenheit, die er mir bot, nicht beim Schopfe packte.

Im Grunde begriff niemand, warum ich blieb. Und das trieb mich noch weiter in meine Isolation. Aber ich sah einfach keine andere Lösung.

17

Top 3

In Wahrheit habe ich sehr wohl eine Lösung vor Augen, wenn ich vor Schmerzen wie gelähmt in meinen vier Wänden festsitze. Wenn ich für einen Augenblick alles ganz klar sehe und mir bewusst wird, dass ich es niemals hier herausschaffen werde, dass mein Traum von einer intakten Familie unerreichbar bleiben wird, dass die »gute« Seite von Yassine immer weiter wegrückt und dass zwischen uns unwiederbringlich etwas zerbrochen ist, dann weiß ich, dass es nur eine endgültige Lösung gibt, die mich von ihm befreien würde:

Sterben.

Aber ich kann nicht allein sterben. Ich kann meinen Sohn nicht bei ihm zurücklassen. Also müsste Bilal mit mir sterben. Wenn dieser Gedanke in meinem Kopf auftaucht, dann weiß ich doch eines ganz genau: Niemals wäre ich in der Lage, das zu tun. Bilal ist meine Sonne, mein geliebter Sohn, dem ich all meine Liebe schenke. Niemals könnte ich ihm ein Leid zufügen.

Also ist es Yassine, der sterben muss.

Ich weiß nicht, wie ich das anstellen soll.

Ich ziehe in Erwägung, sein Auto zu manipulieren. Aber ich habe nicht die geringste Ahnung, wie so etwas geht, obwohl ich schon recht gut Bescheid weiß über das Funktionieren eines Motors. Schließlich bin ich diejenige, die immer den Öl- und Wasserstand, die Brems- und die Kühlflüssigkeit unseres Autos prüft. Das Gleiche gilt für das Quad. Ich bin auch dafür verantwortlich, dass beide immer blitzblank sind, einschließlich der Motoren.

Als Yassine 2010 seine Arbeit als Trockenbauer in der Firma seines Kumpels aufnimmt, bete ich jeden Morgen, an dem es friert oder neblig ist, dass er auf vereisten Straßen ins Schleudern geraten oder im Nebel aus einer Kurve getragen werden möge. Ich stelle mir diese Szene sogar bildlich vor, sehe vor mir, wie sein Auto von der Straße abkommt und über einen Felsrand in die Tiefe stürzt. Ich muss es zugeben, solche Bilder sind ein Hoffnungsschimmer für mich. Es sind Träume, die ich hege und pflege, da sie mich jeden neuen Tag etwas leichter ertragen lassen.

Ich könnte ihn aber auch vergiften.

Oder die Treppe hinunterstoßen.

So weit ist es mit mir schon gekommen: Ich fantasiere, ich träume von einem Tod, der mich befreien würde. Ich bin so unendlich allein, ohne Halt und eingeschüchtert. Ich erkenne mich nicht mehr wieder. Ich habe mein inneres Gleichgewicht verloren, ich bin nicht mehr ich selbst. Wo ist die junge Frau, die mehrere Stunden in der Woche zum Tanzunterricht ging? Das junge Mädchen, das sich in die Lektüre seiner Romane vertiefte? Die fröhliche Freundin, die mit allen herumalberte, lachte und das Leben unbekümmert genoss? Es geht mir so schlecht, dass es mir nicht einmal gelingt, mich an den Menschen zu erinnern, der ich einmal war. Manchmal taucht ein Lied in meiner Erinnerung auf, oder Melodien, die ich auf der Geige spielte. Früher. Vor langer Zeit. Wie ein winziges Überbleibsel der früheren Morgane. Aber diese Morgane ist tot, ausgelöscht von den Schlägen, dem Schmerz und der Angst.

Zu den Lieblingssendungen von Yassine zählt »Faites entrer l'accusé«, eine Sendereihe, in der Gewaltverbrechen noch einmal aufgerollt werden. Yassine interessiert sich sehr für Verbrechen, für den Verlauf der anschließenden Untersuchungen und die technischen Methoden, die die Polizei anwendet, um dem Schuldigen auf die Spur zu kommen. Die Indizien, die Beweise, die Verhöre … Solche Sendungen faszinieren ihn, und er verpasst keine von ihnen. Er ist jedes Mal vollkommen verblüfft, dass die Bullen ihre Methoden so offen ausbreiten.

»Verstehst du das? Sind die denn bescheuert, solche Sendungen zu machen? Wenn ich dich jetzt umbringen wollte, dann würde ich aber den perfekten Mord begehen …«

Ich sehe diese Sendungen mit ihm an, da er mich meist in seiner Nähe wissen will. Zwangsläufig bringen sie mich ins Grübeln und jagen mir hin und wieder auch einen Schauer über den Rücken. In den meisten

Fällen wurden die Schuldigen am Ende zum Glück verhaftet. Yassine lässt das alles völlig kalt. Seine Kommentare gehen eher in folgende Richtung: »Sieh an, das habe ich nicht gewusst. Aber jetzt, jetzt würde ich diesen Fehler nicht mehr machen ...«

Solche Erkenntnisse stimmen ihn richtiggehend fröhlich. Mir hingegen wird ganz mulmig zumute. Andererseits hat es auch seinen Vorteil, dass er beim Ansehen dieser Sendungen immerhin gute Laune hat.

Yassine stellt gerne eine Rangliste der »Top 3« jener Personen auf, die er am liebsten umbringen will. Eigentlich hat er für alles seine Listen. Aber bei Weitem am meisten beschäftigt ihn die Liste der Personen, die er im Visier hat. Seine Stiefmutter und ich machen uns hin und wieder sogar lustig darüber.

»Sag schon, auf welchem Platz stehst du heute auf seiner Todesliste?«

»Heute Morgen war es Platz 2 ...«

»Oh je!«

Oft bedeutet der Humor eine Erleichterung. Aber als Yassine mir erklärte, wie er mich umbringen und es dann als einen Selbstmord tarnen würde, da konnte ich mich seinen Ausführungen nicht entziehen.

Ich habe immer noch vor Augen, wie er mit dem Messer in der Hand vor mir steht und mir alles erklärt: »Ich werde dir die Venen in dieser Richtung aufschneiden ...«

Er weist auf den Verlauf der Vene am Arm entlang.

»So muss man es machen, damit der Selbstmordversuch auch glückt. Wenn man dich dann findet, kann man nichts mehr machen. Schneidet man quer durch die Vene, so ist das einfach nur ein Hilferuf. Das lässt sich leicht wieder zusammenflicken.«

Oder er führt aus, wie er mir Medikamente verabreichen würde, um mich anschließend in die Seine zu werfen.

»Alle werden denken, dass du dich umgebracht hast. Alle wissen schließlich, dass es dir nicht gut geht!«

Er setzt mich permanent unter Druck. Und seine Lieblingssendungen tun in dieser Hinsicht ein Übriges.

Und dann hat er mich eines Tages tatsächlich beinahe umgebracht.

Er schlug noch heftiger zu als gewöhnlich, oder aber er traf eine empfindliche Stelle, ich weiß es nicht. Jedenfalls verlor ich das Bewusstsein. Was dann geschah, weiß ich nicht. Meine Erinnerung ist ausgelöscht. Ich weiß noch, dass das übliche Ritual im Wohnzimmer im Gange war. Ich stehe regungslos vor ihm und darf mich nicht rühren, wenn er zu seinen Schlägen gegen mich ausholt. Dann wird es schwarz um mich herum.

Ich werde in meinem Bett wieder wach.

Yassine beugt sich über mich. Er wirkt beunruhigt. Ich habe überall Schmerzen.

Ich sehe, dass es hell ist. Es muss schon wieder Morgen sein.

Und er scheint tatsächlich in Panik zu sein. Dann fährt er mich an: »Weißt du eigentlich, was hier los ist wegen dir? Verdammt noch mal, ich bin nicht einmal zur Arbeit gegangen!«

Er ist zugleich wütend und erleichtert. Ich muss aufstehen und mich um Bilal kümmern. Ich habe das Gefühl, keinen Handgriff ausführen zu können, so schmerzt mein Körper, aber ich muss unbedingt auf die Beine kommen. Also beiße ich die Zähne zusammen. Ich versuche, mir die Haare zu kämmen, aber jedes Mal, wenn die Bürste über meinen Schädel fährt, möchte ich schreien vor Schmerz. Schon die bloße Berührung meiner Haarspitzen ist eine Qual.

Im Laufe des Tages spricht Yassine dann über das, was vorgefallen ist. Oder vielmehr, er spricht darüber, was er hätte tun können.

»Wenn du nicht mehr aufgewacht wärst, hätte ich dich direkt hier unter die Erde gebracht, oder ich hätte dich in die Seine geworfen. Ich hätte allen erzählt, dass du abgehauen bist, dass du die Schnauze voll hattest … Oder dass du dich umgebracht hast …«

Diese Geschichte mit dem Selbstmord, der Gedanke, dass er sie in Umlauf bringen könnte, das war einfach zu viel. Ich würde also nicht nur sterben, sondern alle Welt würde obendrein auch noch glauben, dass ich es so gewollt hätte. Er hatte bereits die Person getötet, die ich einmal war, jetzt würde er mich endgültig vernichten und auslöschen.

18

Wie kann ich ihn meiner überdrüssig machen?

Um Yassine von mir fernzuhalten, kleide ich mich nur noch in Joggingklamotten. Meine Haare sind fettig, ich schminke mich nicht mehr. Ich enthaare mich nicht mehr. Ich tue alles, damit er meine Nähe meidet. Mich nicht mehr anfasst. Ich habe alle Rundungen der Schwangerschaft verloren und bin richtig dürr geworden. Ich wiege noch ungefähr vierzig Kilo. Ich kann kaum noch etwas essen. Ständig ist mein Hals wie zugeschnürt.

Ich will nur noch eines: Er soll nach anderen Frauen Ausschau halten und meiner überdrüssig sein. Besonders praktisch an meiner Vorgehensweise ist, dass sie keine Energie kostet – das ist günstig für mich, da ich keine mehr habe. Mechanisch komme ich all meinen Pflichten nach und kümmere mich um den Haushalt – zu mehr bin ich nicht in der Lage.

Das Einzige, was mich »wach hält« und mich zu mir selbst zurückfinden lässt, ist Bilal. Er geht mittlerweile in die Vorschule und fehlt mir den Tag über ganz schrecklich. Als ich während der ersten Schultage allein auf der Straße unterwegs war, fühlte ich mich ohne ihn beinahe nackt. Bis zu diesem Zeitpunkt war ich fast noch nie von ihm getrennt.

Außerhalb dieses Refugiums der Zärtlichkeit und Liebe gleiche ich zunehmend einem Zombie. Ich achte richtiggehend darauf, mein Äußeres zu vernachlässigen. Das regt Yassine zwar auf, aber ich ändere nichts daran. Meistens funktioniert diese Technik auch: Er rührt mich nicht mehr oft an.

Seit der Schwangerschaft, während der wir keinerlei sexuellen Kontakt hatten, hat das Verlangen danach abgenommen. Ich verspüre keine Lust mehr.

Wenn ich merke, dass ich ihn nicht fernhalten kann, verfolge ich eine andere Strategie.

In diesem Fall liegt er wie gewöhnlich auf seinem Sofa und wirft mir immer wieder begehrliche Blicke zu. Er streckt einen Arm nach mir aus. Er hat jetzt Lust aufs »Bumsen«. Ich überwinde mich und lasse mich scheinbar darauf ein. Ich flüstere ihm zu: »Warte, Liebster, weißt du was? Ich werde mich schön machen ...«

Mein Tonfall soll ihm alle Verheißungen dieser Welt vorgaukeln. Rasch schlage ich ihm vor: »Soll ich dir in der Zwischenzeit einen Joint reichen?«

Das lehnt er nie ab.

Der Joint, den ich ihm drehe, hat es ganz schön in sich. Eine echte Dröhnung. Da Yassine schon reichlich mit Whisky abgefüllt ist, bleibt die Wirkung nicht aus.

Währenddessen gehe ich ins Schlafzimmer hoch, ziehe mir für den Fall der Fälle ein hübsches Nachthemd an und warte.

Im Allgemeinen schläft er aber auf dem Sofa ein. Selbst wenn er es noch die Treppen hochschafft, ist er zu keinen Heldentaten mehr in der Lage. Meine Nacht ist gerettet.

Um ihm meine Willfährigkeit in Erinnerung zu rufen, frage ich ihn dann am nächsten Morgen mit einem Anflug von Bedauern in der Stimme: »Was war denn los, Liebster? Du bist gestern einfach eingeschlafen ...«

»Ach ja. Tut mir leid, ehrlich.«

Er ist nicht gerade stolz auf sich und wechselt rasch das Thema.

Manchmal funktioniert das aber auch nicht. Dann muss ich mich fügen. Ich rühre mich nicht, bis er fertig ist. Ich empfinde keinerlei Lust. Wenn ich Glück habe, schmerzt es mich nicht allzu sehr. Es ist eine Qual zu warten, bis er gekommen ist.

Einmal kehrte er sturzbetrunken gegen fünf Uhr morgens nach Hause zurück. Immer, wenn er die Wohnung betritt, werde ich wach. Aber ich gebe vor zu schlafen. Dieses Schauspiel beherrsche ich mittlerweile perfekt: Ich kann sehr glaubhaft vorspielen, tief und fest zu schlafen. Anfangs sah Yassine immer, wenn ich simulierte, ich habe jedoch gelernt, die Atmung und Regungslosigkeit einer Schlafenden täuschend echt nachzuahmen. Aber an jenem Morgen »weckt« er mich, ohne zu zögern, auf. Er will mit mir schlafen. Ich kann tun oder sagen, was ich will. Er vergewaltigt mich. Er tut mir sehr weh, und er widert mich an. Er stinkt ganz fürchterlich nach abgestandenem Bier wie jeder Betrunkene. Dazu kommt, dass ich Angst habe. Angst vor der Gewalt, mit der er mich zwingt, ihn an mich heranzulassen. Vor der Gewalt, mit der er sein Verlangen befriedigt.

An die Schläge, an seine Inszenierungen mit dem Countdown war ich mittlerweile gewöhnt.

Aber an so etwas nicht.

Yassine ist überhaupt nicht bewusst, was ich durchlebe. Was er mir antut. Er hat kein Empfinden dafür. Als würde er alles wieder aus seinem Gedächtnis streichen.

Einmal sagte er zu mir: »Ist dir eigentlich klar, Morgane, dass ich gar nicht mehr weiß, ob deine Haut zart ist oder wie deine Haare riechen? Du siehst mich überhaupt nicht mehr an. Wenn du an mir vorbeigehst, spüre ich, dass du Angst hast, dass du mich meidest, wo es nur geht.«

Darauf wusste ich keine Antwort. Was sollte ich sagen? Seine Worte verblüfften mich, sein klagender, vorwurfsvoller Ton verwirrte mich. Er schien tatsächlich der Meinung zu sein, dass ich an allem schuld war. Als wäre nichts vorgefallen, was mein Verhalten erklären könnte.

Selbst in Joggingklamotten, mit fettigen Haaren und nur noch vierzig Kilo Gewicht wendet sich Yassine nicht von mir ab. Was für ein Glück ich habe … von einem so glühenden Verehrer träumen einige Frauen vermutlich, aber für mich ist es ein Albtraum. Ich kann ihn einfach nicht loswerden, ich habe das Gefühl, zu »lebenslänglich« verurteilt zu sein. Und durch die Schläge, die Demütigungen und Erniedrigungen glaube ich am Ende tatsächlich, dass ich es nicht besser verdient habe. Alles, was ich tue, sehe ich mit kritischem Blick. Ich weiß nicht mehr, ob ich recht oder unrecht habe. Ich sage mir, dass ich tatsächlich alles falsch mache, dass ich tatsächlich ein Versager bin, dass ich tatsächlich zu nichts nütze bin … ich bin so weit, dass ich glaube, was Yassine mir den lieben langen Tag vorhält. Ich kann mich seiner groben, ständig auf mich niedergehenden Kritik und Verurteilung nicht entziehen. Ich weiß nicht mehr, was wahr und was falsch ist. Wie kann ich bei dieser Flut von verletzenden Worten und Schlägen ich selbst bleiben? Ich finde mich selbst jämmerlich, nichtig, wertlos. Es scheint mir, als könne ich außer meinem reflexartigen, aufs bloße Überleben gerichteten Handeln keinen klaren Gedanken fassen. All meine Energie verwende ich darauf, ihn bloß nicht in Wut zu versetzen. Aber das funktioniert nicht immer. Manchmal habe ich das Gefühl, dass meine bloße Anwesenheit ausreicht, um ihn aus der Haut fahren zu lassen, als könne er mich im Grunde nicht mehr ertragen.

Und ich bin so unendlich müde!

19

»Du Miststück!«

»Wo ist denn die Fernbedienung schon wieder?«

Die Fernbedienung für den Fernseher liegt nicht auf dem Tisch, wo sie sich, an Ort und Stelle für ihn greifbar, befinden sollte. Ein Drama. Er fängt an zu fluchen: Ich wisse nicht, was es heiße, etwas aufzuräumen. Ich sei zu nichts zu gebrauchen. Er müsse alles zehnmal wiederholen ... Er ist auf Touren gekommen, ergeht sich in endlosen Vorwürfen.

Er hat mir einen Ring geschenkt, und mit einem Mal findet er, dass ich ihn nicht häufig genug trage.

»Aha, du willst ihn also nicht tragen! ...«

Dann schnappt er sich den Ring, greift mit der anderen Hand nach einer Pinzette und fängt an, das Metall zu verbiegen. Der Stein, ein Amethyst, springt heraus und fällt auf den Teppich.

»Such den Stein, und zwar sofort!«, fährt er mich grob an.

Ich schüttle den Teppich aus. Da er sehr dicht gewebt ist, fahre ich wieder und wieder tastend mit den Händen darüber. Der Stein könnte in den Fasern hängen, aber ich finde nichts. Da jedoch Staub aus dem Teppich herausgefallen ist, hole ich auf der Stelle einen

Handfeger, um alles aufzukehren. Er kommt auf mich zu, reißt mir die Schaufel aus der Hand und brüllt mich an: »Noch einmal, du Miststück! Du hast nicht richtig gesucht! Du schüttelst jetzt den Teppich so lange aus und fegst so lange alles auf, bis du den Stein gefunden hast!«

Zentimeter für Zentimeter krieche ich auf allen vieren über den Teppich, aber ich finde nichts. Er fährt fort, mich zu beleidigen, und zwingt mich, weiterhin auf dem Boden knien zu bleiben. Es ist demütigend für mich, aber ich habe keine Wahl, ich darf nicht ohne den Stein aufstehen. Endlich entdecke ich ihn. Er steckt nicht im Teppich, sondern ist Richtung Küche gerollt. Jetzt erlaubt er mir endlich, wieder aufzustehen.

Die ganze Zeit über saß Bilal auf dem Sofa. Still. Er ist schon über drei Jahre alt, aber er spricht nicht.

Yassine wendet sich um und sagt sehr zufrieden zu ihm: »Hast du das gesehen? Mama macht immer dumme Sachen. Sie macht dumme Sachen, und dafür muss sie bestraft werden!«

Das ist ein Satz, der mir in ständiger Wiederholung aus seinem Mund entgegenschallt.

An diesem Tag, nach dieser Szene, die mein Sohn in ganzer Länge aus unmittelbarer Nähe beobachtet hat, ist mir klar, dass alles ein schlechtes Ende nehmen wird. Bei einem solchen Vorbild wird Bilal mich, wenn er erst einmal fünfzehn Jahre alt ist, ebenfalls beleidigen und sogar schlagen.

Diese Erkenntnis ist ein regelrechter Schock für mich. Ich stelle mir vor, wie es in ein paar Jahren um mich bestellt sein wird, und bekomme Angst. Ich will nicht, dass Bilal wie sein Vater wird, ich will nicht, dass er Frauen so behandelt, wenn er älter ist. Und ich will auch nicht, dass er mich in einer solchen Situation sieht. Wie ein Bumerang kommt alles zurück: Wenn ich seinem Blick begegne, empfinde ich meine Demütigung schmerzlich aufs Neue. Ich schäme mich, dass er Zeuge einer solchen Szene geworden ist. Ich schäme mich, auf eine solche Rolle reduziert zu sein.

Das ist ein Anfang. Allerdings erst ein sehr zaghafter Anfang …

20

Vater und Sohn

Seinem Sohn gegenüber kann Yassine sehr hart sein. Von Geburt an weiß er nicht wirklich, wie er sich ihm gegenüber verhalten soll. Er tat sich schwer, ihn als Baby auf den Arm zu nehmen, und jetzt, wo Bilal größer ist, verhält sich Yassine oft unangemessen. Im Grunde versteht er Kinder einfach nicht.

Manchmal habe ich den Eindruck, dass er auf keinerlei Erfahrung eines klassischen Familienlebens zurückgreifen kann, dass er keine Vorstellung davon hat, was man mit einem Kind machen kann, was man mit ihm spielen oder unternehmen kann. Als Bilal laufen lernte, musste ich meine ganze Überzeugungskraft aufbieten, bis endlich auch Yassine mit ihm nach draußen ging. Ich fand es immer sehr wichtig, dass die beiden auch einmal etwas zusammen unternehmen, und zwar ohne mich. Dass sie eine echte Vater-Sohn-Beziehung aufbauen, in der ich nicht die Rolle einer Mittlerin spiele. Also ließ ich nicht locker, bis sie hin und wieder auch zu zweit loszogen. Anfangs sah Yassine keinen Sinn darin. Aber dann hat er nachgegeben. Vielleicht fand er es hin und wieder sogar ganz nett. Aber das spielt keine Rolle, denn von langer Dauer war seine Bereitschaft nicht.

Ich erinnere mich an einen wunderbaren Nachmittag, den wir drei gemeinsam verbrachten. Allerdings gleicht diese Erinnerung einer bunt schillernden einsamen Seifenblase, die wie ein Fremdkörper durch unseren meist schrecklichen Alltag schwebte.

An jenem Tag schlug ich Yassine vor, Brombeeren pflücken zu gehen. Wir lebten schließlich auf dem Land. Zunächst sah er mich vollkommen verblüfft an, dann sagte er: »Na hör mal, seh ich etwa so aus, als würde ich Brombeeren pflücken?«

Ich ließ mich nicht von meinem Vorhaben abbringen, und letztlich willigte er ein. Wir machten uns alle drei auf den Weg, pflückten eine Menge Beeren und aßen so viele wir konnten. Bilal war begeistert. Über und über war er mit Brombeersaft verschmiert. Yassine war entspannt. Zu Hause kochten wir Marmelade und backten einen Brombeerkuchen. Yassine kocht unheimlich gern, er war sehr zufrieden.

»Wow! Das war echt ein schöner Nachmittag mit uns dreien! Und obendrein haben wir nicht einmal Geld ausgegeben!«

Es war wie eine Entdeckung für ihn. Als hätte ihm jemand eine Tür zu einer anderen Welt geöffnet.

Aber solche Ausflüge gab es nicht oft bei uns. Yassine war vollkommen unfähig, so etwas zu organisieren. Und ich brachte immer seltener die Energie dazu auf. Ich glaube, dass mir die Hoffnung abhandengekommen war. Der Ausflug mit den Brombeeren war wie ein kurzes Erwachen meinerseits. Ich wollte, dass Bilal so etwas kennenlernt. Aber rasch gewann die Erschöpfung wieder Oberhand.

Als Bilal sechs Monate alt war, beschloss Yassine, dass ich mit dem Stillen aufhören sollte. Er muss irgendwo gelesen haben, dass ein halbes Jahr ausreiche, oder jemand hatte es ihm gesagt. Ich weiß es nicht genau. Jedenfalls wollte er mich nicht mehr mit dem Kleinen an der Brust sehen. Ich hingegen wollte gern noch länger stillen. Und Bilal vermisste es auch. Also habe ich ihn heimlich weiter gestillt. Manchmal war Yassine nahe daran, alles zu entdecken, aber letztlich ging es immer gut. Ich war sehr vorsichtig. Sobald ich ein Geräusch im Treppenhaus hörte – ich zog mich stets ins Schlafzimmer zurück, um dort etwas Ruhe zu haben –, riss ich Bilal von der Brust und tat so, als würde ich ihn streicheln. Nicht ein einziges Mal hat Bilal trotz dieser Grobheit meinerseits geweint. Er spürte, dass dies nicht geschah, um ihn zu ärgern.

Ich frage mich, wie ich es geschafft habe, ihn so lange zu stillen. Beinahe zwei Jahre … und das direkt unter den Augen von Yassine. Natürlich durfte ich mich nicht erwischen lassen. Obwohl ich sehr erschöpft war, wenig schlief und auch nicht richtig essen konnte, hatte ich immer viel Milch. Gerade so, als wollte mein Körper seine ganze Kraft für meinen Sohn aufsparen.

Bilal ist damals der Mittelpunkt meines Lebens. Er

verleiht mir Kraft, wenn ich sie brauche. Er treibt mich an, ein Familienleben aufrechtzuerhalten und so zu tun, als sei alles normal. Ich wusste, dass unser Kind eine unauflösliche Bindung zwischen Yassine und mir schaffen würde. Schon zu Beginn der Schwangerschaft flößte mir dieses Wissen Angst ein. Aber ich wusste nicht, welche Kraft dadurch in mir geweckt wurde, welche Energie in mir steckte, um mich zu wehren. Mit Bilal fühle ich mich stark, ich weiß, dass ich alles mir Mögliche tue, um eine gute Mutter zu sein. Und das trägt Früchte. Als er in die Vorschule kommt, spricht Bilal fast nicht. Aber als sein Vater dann ins Gefängnis kommt, verschwindet diese Blockade, und rasch äußert er sich sprachlich ohne jedes Problem. Trotz der Atmosphäre, die durch seinen Vater zu Hause herrschte, ist es mir gelungen, ihm alles Notwendige mit auf den Weg zu geben. Das ist mein einziger Sieg.

Es zeigte sich ganz deutlich, dass Yassine nicht mit Kindern umgehen kann. Er macht sich keine Vorstellung davon, was Bilal verstehen kann oder nicht. Er ist der Meinung, dass sein Sohn stets mit allem zufrieden sein muss, was man ihm anbietet. Und dankbar obendrein. Wenn er ihm ausnahmsweise vorschlägt, etwas zu spielen oder nach draußen zu gehen, und Bilal ablehnt, dann ist das ein Drama. Er wird wütend und gibt sofort auf. Sein Sohn hat ihm zu gehorchen. Er hat gefälligst Lust auf die Unternehmungen zu haben, die sein Vater vorschlägt, und zwar zur selben Zeit wie dieser. Ganz schön kompliziert für ein kleines Kind …

Ich versuche, das Räderwerk ihrer Beziehung in Gang zu bringen, da dies für Bilal sehr wichtig ist. Sein Vater soll einen Platz in seinem Leben haben. Nur so kann Bilal zu einem ausgeglichenen Menschen heranreifen. Dieses Bild, die klassische Familienstruktur, habe ich immer noch fest im Blick.

Aber Yassine macht es mir nicht gerade leicht.

Eines Tages beschließt er, mit Bilal zu spielen. Sie sitzen zusammen auf dem Sofa, und Yassine will ihn am Arm packen. Im selben Augenblick wirft sich Bilal zurück, Yassine zieht zu heftig und kugelt ihm den Ellbogen aus. Wir müssen sofort ins Krankenhaus … Diese Aktion hat Bilal eine Anfälligkeit an diesem Gelenk eingebracht. Ich glaube, dass eine Sehne überdehnt wurde. Kurz darauf hat meine Mutter eines Abends ausnahmsweise unseren Sohn gehütet, damit wir ausgehen konnten. Sie spielt mit ihm, und wieder ist sein Ellbogen am Ende ausgekugelt. Yassine ist sauer.

»Da hast du's, deine Mutter kommt einmal hierher und kugelt dem Kleinen den Ellbogen aus!«

Er hatte vollkommen vergessen, dass er – natürlich, ohne es zu wollen – derjenige war, der diese Anfälligkeit verursacht hat. Aber es ist nichts Neues, dass er etwas auf andere schob, um sich selbst reinzuwaschen.

Ein anderes Mal macht er mir eine riesige Szene, weil er der Meinung ist, dass ich ein Teil von einem Geburtstagsgeschenk Bilals verloren habe – dabei war er derjenige, der den Karton geöffnet hat. Wieder einmal bekomme ich zu hören: »Du bist wirklich zu nichts nütze, nichts kriegst du hin …« An diesem Tag war meine Mutter da und hat alles miterlebt. Sie war wie gelähmt. Bilal sperrte sich daraufhin und wollte seine Geschenke nicht mehr anrühren. Das machte Yassine nur noch wütender. Er zischte mir drohend zu: »Drei Stunden hast du noch …«

Allerdings will er seinen Sohn andererseits auch wirklich verwöhnen, so, wie er selbst als Kind verwöhnt wurde: überhäuft mit Geschenken, ohne dabei rechtes Maß zu halten. Aber dann soll Bilal auch zufrieden sein. Und das soll er zeigen. Yassine kann es nicht ertragen, wenn Bilal nicht auf der Stelle mit neuen Geschenken zu spielen beginnt. Das empfindet Yassine als persönliche Beleidigung. Er kann nicht begreifen, dass Kinder ihren eigenen Rhythmus haben, ihre eigenen Bedürfnisse. Mir scheint, dass Yassine sich manchmal mit seinem Sohn identifiziert. Seltsamerweise findet er Gefallen daran, ihn manchmal auf genau die gleiche Weise zu kleiden wie sich selbst, sodass Bilal dann aussieht wie ein kleiner Klon von ihm. Wenn er sich ein Kleidungsstück kauft, nimmt er oft das gleiche für Bilal mit. Auf mich wirkt das befremdlich.

Yassine hat mir einmal erzählt, dass er als Kind sein Umfeld oft zur Verzweiflung gebracht habe. Er spürte immer, dass er und sein kleiner Bruder sehr unterschiedlich behandelt wurden. Karim war »freundlich«, folgsam, ein umgängliches Kind, während er selbst schon damals cholerisch war. Schwierig, fordernd – mit Sicherheit einfach unglücklich.

Aber Bilal darf nicht der Leidtragende davon sein.

21

»Das endet noch wie bei Bertrand Cantat«

Einmal sitzt Yassine auf dem Sofa und winkt mich zu sich heran.

»Gut, Dickerchen, hör jetzt mal zu. Ich habe über uns nachgedacht. Wir kriegen es nicht hin ...«

Ich antworte nichts. Ich verstehe nicht, was vor sich geht. Er fährt fort.

»Um ehrlich zu sein, wir tun uns nicht gut ...«

Ich versuche, meine Überraschung zu verbergen. Das Ganze passt überhaupt nicht zu ihm. Worauf will er hinaus?

»Das mit uns beiden, das endet noch wie bei Bertrand Cantat und Marie Trintignant, und am Schluss ist die Frau tot. Wir müssen uns vorher trennen, bevor es zur Tragödie kommt ...«

Ich schlucke schwer und stammle: »Gut, aber was sollen wir machen?«

»Nun, du behältst die Wohnung, und ich werde bei einem Kumpel schlafen. Ich gehe für ein paar Tage fort, dann haben wir Zeit, über alles nachzudenken ...«

In meinem Beisein ruft er seinen Kumpel an und fragt ihn, ober er vorübergehend bei ihm pennen könne. Der Kumpel ist natürlich einverstanden.

Einen Augenblick lang bin ich sprachlos: Yassine packt seine Sachen. Ich verspüre eine unheimliche Erleichterung. Ich werde allein sein, meine Ruhe haben. Ich werde atmen können. Er nimmt Klamotten mit, mehrere Paar Schuhe und alle möglichen Kleinigkeiten, die er brauchen könnte. Alles packt er mit großer Sorgfalt zusammen. In meinem Kopf fahren die Gedanken Achterbahn. Ich denke: »Wow, endlich hat er es begriffen! Er hat es begriffen und wird sich ändern ...« Es kommt alles so unerwartet, dass ich wie erstarrt dastehe.

Als er seine Tasche schließt, sagt er zu mir: »Gut, ich hab jetzt alles, also ... ich gehe dann mal. Kann ich noch mal hochgehen und dem Kleinen ein Küsschen geben?«

Ich nicke, immer noch sprachlos. Als er wieder herunterkommt, sagt er: »Gut, dann tschüss. Wir rufen uns aber an, ja?«

Wieder nicke ich.

Dann fällt die Tür ins Schloss. Seinen Schlüssel hat er auf dem Tisch liegen lassen.

Ich stehe immer noch reglos da. Ich kann nicht glauben, dass das alles wirklich geschehen ist. Die Wohnung ist still. Ich bin allein mit Bilal, Yassine hat keinen Schlüssel mehr. Wie ist ihm bewusst geworden, was er uns antut? Ist es jemandem gelungen, ihm die Augen zu öffnen? Ich frage mich, wer einen solchen Einfluss auf ihn haben könnte. Vielleicht habe ich ihn mit meinen Worten endlich erreicht? Vielleicht wird er wirklich überdenken, wie er sich verhält? Vielleicht können wir eines Tages sogar wieder zusammenleben, alle drei, und alles wird dann gut sein?

Ich bin noch immer vollkommen verwirrt, als es an der Tür klingelt.

Yassine.

»Ich habe etwas vergessen ...«

Ich trete beiseite, um ihn durchzulassen. Er tritt ein, stellt seine Tasche ab und greift sofort nach dem Schlüssel auf dem Tisch. Dann schließt er die Tür doppelt ab und steckt den Schlüsselbund in seine Tasche.

»Setz dich hin!«

Er stößt mich aufs Sofa.

»So weit kommt es noch! Ich, Yassine, sage dir, dass ich gehe, und du lässt mich einfach so gehen!«

Er ist außer sich. Ich sehe dieses unheilvolle Funkeln in seinen Augen, diesen Anflug von Raserei, die ihn jedes Mal überkommt, wenn die Wut ihn packt.

»Hör mir gut zu, du dreckige Nutte: Du verschwindest jetzt von hier! Du überlässt mir die Wohnung, den Kleinen, und du verschwindest!«

Er tigert durch den Raum wie ein wildes Tier, ohne mich aus den Augen zu lassen.

»Du nimmst deine Handtasche und dann verschwindest du! Alles, was du mitnehmen darfst, ist deine Handtasche! Mehr nicht, hast du verstanden!«

Ich habe solche Angst, dass ich mich auf dem Sofa

zusammenkauere. Ich weiß, dass es jetzt jeden Augenblick losgehen kann. Es bringt ihn außer sich, mich ihm so wehrlos ausgeliefert zu sehen. Wie entfesselt schlägt er auf mich ein, sodass ich wieder einmal um mein Leben fürchte. Ich ziehe mich in eine Ecke des Sofas zurück und versuche, mich zu schützen. Ich will verhindern, dass er mir die Nase zertrümmert. Immer weiter prasseln Schläge auf mich nieder, bis er nass geschwitzt und außer Atem ist, aber immer noch vor Wut schäumt. Immer wieder stößt er hervor: »Du dreckige Nutte, du willst mich einfach so gehen lassen? Mich, Yassine! Du bist bereit, mich gehen zu lassen! Du dreckige Nutte!«

Als er endlich aufhört, schleppe ich mich ins Badezimmer, um mein Gesicht mit kaltem Wasser zu kühlen.

Meine kurze Hoffnung habe ich teuer bezahlt.

22

Verrückte Ideen

Diese große Trennungsszene hat er mir zwei- oder drei-mal vorgespielt. Trotz der Erinnerung an das erste Mal konnte ich nicht anders und habe stets tatsächlich ge-hofft, es sei ihm ernst. Ich habe ihn gehen lassen, aber alles nahm seinen Lauf wie zuvor.

Yassine kann so aufrichtig wirken, dass selbst ich seine Absicht nicht in Zweifel zog. Hoffnung keimte in mir auf. Ich glaubte ihm. Obwohl ich ihn in- und aus-wendig kannte, glaubte ich ihm immer wieder. Eine seiner großen Stärken liegt darin, sich für etwas ausge-ben zu können, was er überhaupt nicht ist: für einen freundlichen jungen Mann. Er kann freundlich sein, wenn es ihm in den Kram passt und wenn er es will. Diese bittere Erfahrung werde ich anlässlich einer Be-gegnung mit einem Richter machen.

Yassine versteht es, Leute zu manipulieren. Er vermag es, sich wie ein Chamäleon zu verändern. Er schafft es immer wieder, selbst erfahrene Profis zu täuschen. Bald wird er genug Gelegenheit ha-ben, sein unschlagbares Talent unter Beweis zu stel-len.

Eigentlich ist er nie wirklich weg. Es geht immer alles weiter wie zuvor: die Rituale, der Countdown, der ständige Schmerz, die Erschöpfung, die mir jede Energie raubt. Auch seine Täuschungsmanöver, seine Art, mir eine weniger düstere Zukunft auszumalen, tragen nur zu meiner Niedergeschlagenheit bei. Ich finde mich vollständig damit ab, dass sich niemals irgendetwas ändern wird. Bei seinem letzten Kofferpacken bin ich diejenige, die ihn zurückhält.

»Tu das nicht, es bringt doch nichts …«

Meine Worte überraschen ihn, und er wird auf der Stelle wütend. Ich habe ihm seine Show gestohlen. Wenigstens muss er aber nun seinen Koffer nicht wieder auspacken.

Ich bin am Boden. Ich bin nicht mehr in der Lage, selbstständig zu denken. Das geht so weit, dass ich bei bestimmten Fernsehsendungen beinahe durchdrehe, vor allem bei Sendungen, in denen es um misshandelte Frauen geht. Sobald eine von ihnen zu Wort kommt – oder auch nur eine Reportage zu diesem Thema in den Nachrichten gebracht wird –, verliere ich die Fassung. Yassine reagiert stets auf dieselbe Weise: Er wird wütend. Er beginnt zu spotten und provoziert mich.

»Na, gehst du demnächst auch dorthin, wirst du auch im Fernsehen reden? Du bist doch auch eine misshandelte Frau, oder? Du kannst ja auch dort herumjammern.«

Und dann kocht in Sekunden seine ganze Wut hoch: »Na, ist es das, was du willst? Du willst es doch genauso machen wie diese Nutten!«

Und schon nimmt alles seinen Lauf. Der Abend ist verdorben, ich werde meine »Frechheit« noch büßen. Weil ich eine »Niete« bin, weil ich »nichts wert« bin, weil ich nur daran denke, »herumzujammern« …

Es ist immer das Gleiche. Das geht so weit, dass ich anfange, die Fernsehsender regelrecht zu hassen. Was ist in sie gefahren? So läuft das doch alles gar nicht, ist ihnen das denn nicht klar? Wegen ihnen werden viele Frauen sich Schläge einfangen! Was nutzt es, wenn darüber gesprochen wird? Was nutzt es, die Typen zu provozieren, die ihren Ärger sofort an Ort und Stelle abreagieren? Ich bin kurz davor, an den Sender France 2 zu schreiben und sie aufzufordern, damit aufzuhören. Um ihnen die Augen zu öffnen!

Ja, so steht es mittlerweile um mich. So gefangen bin ich in seiner Gewalt, in seiner wahnsinnigen Welt. Den Gipfel liefern die Sender dann mit ihren von der Politik in Auftrag gegebenen Spots zur Prävention. Da klingeln bei mir sofort die Alarmglocken: »Sind sie jetzt vollkommen durchgeknallt bei der Regierung, dass sie so etwas veranstalten?« Diese Art der Beachtung will ich nicht haben. Sie liefert Yassine nun wirklich den besten Aufhänger, um sich in Rage zu bringen.

Mir ist jede Hoffnung abhandengekommen, und so will ich nur noch in Ruhe gelassen werden in meinem

Elend. Ich lebe in einem mentalen Gefängnis. Ich bin davon überzeugt, dass ich meinem Peiniger niemals werde entkommen können. Es scheint mein unabwendbares Los zu sein – gerade so, als müsste ich für ein Vergehen in einem früheren Leben Buße tun. Ein unausweichliches Schicksal. Und deshalb, ja, deshalb habe ich keine andere Wahl, als schweigend alles zu ertragen.

23

Samuel

Im Oktober 2011 ist meine Verzweiflung grenzenlos, ich bin von blauen Flecken übersät und von ständigen Schmerzen geplagt; der Kontakt zu meinen Freunden und meiner Familie ist zum Erliegen gekommen. Ich bin so mager, wie ich es noch nie zuvor war. Von allem, was ich früher gern unternommen und getan habe, ist nichts geblieben. Ich schlage kein Buch mehr auf. Sport treibe ich schon lange keinen mehr, ich fühle mich absolut leer, ich bin nicht mehr ich selbst. Gerade so, als wäre alles, was mich einmal ausmachte, durch die Gewalt aus mir herausgeprügelt worden.

Manchmal kehren Szenen aus meinem früheren Leben wieder. Sie tauchen blitzartig auf, um gleich wieder zu verschwinden. Dann sehe ich mich im Kreis von Freundinnen, und wir haben Spaß miteinander. Oder ich bin in ein Buch vertieft und ganz gefangen von der Geschichte; ich tanze beschwingt; ich überlasse mich einer Sonate von Chopin … Es kommt mir so vor, als sei dieses Mädchen tot, als gäbe es nur noch seine äußere Hülle. Manchmal fällt es mir sogar schwer, diese Erinnerungen tatsächlich als zu mir gehörig zu sehen. Das soll ich einmal gewesen sein?

Trotz des schlechten Verhältnisses zu seinen Kollegen arbeitet Yassine immer noch als Trockenbauer. Er arbeitet wie ein Verrückter und bringt mit seiner Art alle gegen sich auf. Ständig kritisiert er die anderen. Er ist unausstehlich, aber wie gewöhnlich macht seine Gewalttätigkeit den anderen Angst. Niemand wagt es, gegen ihn aufzubegehren.

Einige Zeit zuvor hatte es jedoch einmal einen Vorfall gegeben, der möglicherweise die Fronten etwas verschoben hat. Unser Haus ist ein Doppelhaus. Wir haben also unmittelbare Nachbarn, mit denen wir uns sogar den Eingangsbereich teilen. Eine erste Tür führt ins Haus hinein, vor den eigentlichen Wohnungstüren liegt jedoch noch ein kleiner Vorraum. Wir wohnen links, die Nachbarn rechts. Im Juli zogen neue Nachbarn ein, und zwar ein Paar, das sich jedes Wochenende in die Haare bekommt. Er trinkt, und dann schreien sich beide an.

An einem Freitagabend kommt die Frau zu uns herüber. Sie teilt uns mit, dass sie sich gestritten hätten, dass er sturzbetrunken unterwegs sei und dass sie mit den Kindern fortgehe, bevor er wiederkomme.

»Lassen Sie ihn nicht in die Wohnung!«, warnt sie uns bei ihrem Aufbruch noch.

Nur wenig später taucht der Typ auf und schlägt auf die Tür ein, um sich Einlass zu verschaffen. Da er keinen Schlüssel zur Außentür hat, verlangt er, dass wir ihm öffnen. Yassine erteilt ihm eine Abfuhr. Wir gehen mit Freunden ins Restaurant. Als wir zurückkommen, ist der Typ immer noch da und will immer noch ins Haus hinein. Dieses Mal versperrt Yassine ihm den Weg nicht.

Ich höre drüben bei den Nachbarn, wie er in der Besteckschublade wühlt. Dann klopft es an unserer Tür. Wir befinden uns mit unseren Freunden und deren Sohn im Wohnzimmer. Yassine geht zur Tür und will gerade öffnen, als ich ihn noch warne: »Pass auf, er ist bewaffnet!«

Ich spüre es. Die Geräusche von drüben waren eindeutig. Yassine geht sofort in Deckung, aber der Typ stürzt sich direkt auf ihn. Er hat ein Messer in der Hand und sticht zu. Ich erfasse die Situation nicht augenblicklich, weil Yassine sich zwar krümmt, aber dennoch nach dem Typen greift, und schon stürzen beide aufs Sofa. Der Nachbar versetzt ihm noch zwei weitere Stiche in den Rücken. Die Kinder schreien, ich kann sie aber schnell oben im Schlafzimmer in Sicherheit bringen. Als ich wieder herunterkomme, hat Yassine den Kerl niedergeschlagen. Trotz seiner eigenen Verletzungen. Die Polizei hatten wir mittlerweile verständigt. Die Beamten erscheinen zunächst zu zweit, aber als sie das Gemetzel sehen, fordern sie Verstärkung an und sogar die Feuerwehr. Yassine hat den Typen ordentlich zusammengeschlagen. Ein paar Zähne sind draußen, die Nase und der Kiefer sind gebrochen und außerdem ein paar Rippen …

Noch unter Schock wiederholt Yassine in einem fort: »Verflucht, er hat mich vor den Augen meiner Frau und meines Sohnes niedergestochen!«

Yassine hat in diesem Fall Glück gehabt. Das Messer ging haarscharf an der Leber und auch nur drei Millimeter am Rückenmark vorbei.

Im Rettungswagen der Feuerwehr frage ich: »Besteht Lebensgefahr?«

»Nein, machen Sie sich keine Sorgen«, beruhigt mich der Arzt.

Und da bin ich – es ist schrecklich, das zugeben zu müssen – enttäuscht.

Yassine nimmt das sofort wahr.

Ein paar Tage später, als er wieder einigermaßen hergestellt ist, macht er mir die entsprechenden Vorwürfe.

»Du hast dir gar keine Sorgen gemacht! Ich habe mir drei Messerstiche eingefangen, verliere so viel Blut, und du, du machst dir gar keine Sorgen! Keine Träne hast du vergossen!«

Diese Geschichte hat seinen Hass auf mich noch weiter angefacht. Aber mir hat es umgekehrt gezeigt, dass er nicht unbezwingbar ist. Der Typ mit dem Messer war viel kleiner als er und außerdem kein bisschen sportlich. Trotzdem konnte er Yassine drei Messerstiche verpassen.

Von diesem Zeitpunkt an hält ein neues Ritual Einzug bei uns. Sobald wir unser Haus erreichen, müssen die Schlüssel bereitgehalten werden. Ich muss die Tür aufschließen, so schnell es geht, damit wir nicht eine Sekunde länger als nötig auf der Straße herumstehen. Sein Verfolgungswahn hat eine neue Dimension angenommen.

Als ich im Oktober einmal im Internet unterwegs bin, beschließe ich, einem plötzlichen Einfall folgend, nachzuforschen, was eigentlich aus Samuel geworden ist. Samuel, meine erste Liebe, mit dem ich so viel erlebt habe. Ganz unvermittelt schießt mir dieser Gedanke durch den Kopf, und ich gebe dem plötzlichen Drang nach, ihm eine Nachricht zu schicken, obwohl ich seit Jahren nichts mehr von ihm gehört habe. Es ist ein Einfall, den mir der Himmel geschickt hat, denn diese Aktion wird meine Rettung sein.

Samuel lebt in Spanien, ist aber gerade für eine Woche in Frankreich. Er will mich gerne treffen. Es heißt also, jetzt oder nie, denn in ein paar Tagen wird er wieder abreisen. Ich habe ihm an einem Donnerstag geschrieben; am Freitag erreicht mich seine Antwort. Wir verabreden uns für den darauffolgenden Montag.

Den ganzen Freitag über zermartere ich mir den Kopf, wie ich es anstellen soll, mir diese Zeit freizuhalten. Bilal wird in der Vorschule sein, das ist schon einmal eine gute Voraussetzung, aber Yassine darf auf keinen Fall Verdacht schöpfen. Letztlich beschließe ich, ihm zu sagen, dass ich einen Termin in Cergy hätte, bei dem es um eine Anstellung gehe. Er wird zufrieden sein, da er gern möchte, dass ich wieder arbeiten gehe. Als er abends nach Hause kommt, erkläre ich ihm, dass ich – wie bereits schon einige Male – zu der Frauenberatung gehen würde, die auch Stellen vermittle. Ironie der Geschichte: Diese Einrichtung vermittelt nicht nur Jobs, sondern ist auch eine Anlaufstelle für misshandelte Frauen. Und diese Anlaufstelle werde ich bald kennenlernen. Aber jetzt steht mein Plan erst einmal, alles läuft wie geschmiert, denn Yassine arbeitet am Montag. Ich werde folglich meinen Tag so gestalten können, wie es mir vorschwebt.

Aber der Montag beginnt gleich morgens mit einer Katastrophe. Yassine ist offenbar misstrauisch, er bleibt zu Hause. Und Bilal fühlt sich nicht gut, also geht er nicht in die Vorschule. Yassine beschließt, dass er mich zu meinem Termin begleitet, und ich schaffe es nicht, ihn von seinem Vorhaben abzubringen. Ich muss meinen Plan ändern. In Cergy wartet er vor der Frauenberatung im Auto. Ich gehe hinein und gebe vor, die Stellenangebote zu lesen, während ich fieberhaft nachdenke. Ich muss ihn unbedingt loswerden.

Bei meiner Rückkehr zum Auto erkläre ich ihm, dass ich ein Gespräch in einem Restaurant im Pariser Madeleine-Viertel ausgemacht hätte.

»Ich muss aber sofort los, um noch pünktlich zu kommen! Du fährst jetzt mit Bilal nach Hause und gibst ihm sein Mittagessen.«

Entschlossenheit liegt in meinen Worten, und Yassine

gehorcht mir tatsächlich. So ist er: Manchmal hört er zu und ist umgänglich, vor allem, wenn es um die Organisation unseres Alltags geht. Mir fällt ein Stein vom Herzen, als ich ihn nun davonfahren sehe. Jetzt muss ich nur noch den Zug nehmen und Samuel treffen.

Ich weiß nicht, was sich mein früherer Freund vorgestellt hat, ich war ja damals erst vierzehn Jahre alt. Vielleicht ein nostalgisches Wiedersehen? Auf jeden Fall sehe ich an seinem Gesicht, wie überrascht er ist, als er mich erblickt. Und das ist noch ein Euphemismus. Er ist schockiert. Wirklich schockiert.

Dabei habe ich mir Mühe gegeben, wo ich doch sonst seit Monaten nur noch in Jogginghose herumlaufe. Ich habe mich hübsch gemacht, mir die Haare gewaschen und mich sorgfältig geschminkt. Yassine war der Meinung, ich hätte diesen Aufwand für meinen Termin getrieben.

Aber all meine Maßnahmen können nicht verbergen, wie abgemagert ich bin und wie gestresst. Nicht nur das sieht Samuel an meinem Gesicht und an den dunklen Ringen unter meinen Augen. Meine blauen Flecken verberge ich zwar so gut wie möglich unter langärmligen Oberteilen, aber gerade über diese Ärmel wundert sich Samuel. Es ist warm an diesem Oktobertag. Er begreift sofort, was los ist, und fragt mich ganz direkt: »Sag bloß, schlägt dein Mann dich etwa?«

Eine Frage ist das bereits nicht mehr.

»Er schlägt dich, das sehe ich doch! Was ist denn los bei dir?«

Jetzt brechen alle Dämme. Alles, was ich bisher stets geleugnet habe, selbst wenn die Tatsachen für sich sprachen, beichte ich ihm. Ich vertraue mich ihm an, erzähle ihm alles. Er ist ganz aufgewühlt von der Schilderung meines Alltags. Das sei doch nicht normal! Und natürlich treffe mich nicht die geringste Schuld! Plötzlich sehe auch ich wieder klar. So lange habe ich die Augen vor den Tatsachen verschlossen, aber jetzt macht es auf einmal »klick« bei mir. Warum gelingt es Samuel, mir derart die Augen zu öffnen? Mit welchen Worten hat er mich so unmittelbar erreicht? Vielleicht liegt der Grund darin, dass wir uns während unserer Jugend sehr nah waren, dass wir eine Beziehung zueinander hatten, die weder die Zeit noch die Trennung oder die räumliche Entfernung auflösen konnten. Vielleicht auch, weil er keinen blassen Schimmer von allem hat und – anders als mein tägliches Umfeld – nicht miterlebte, wie sich das Zusammenleben mit Yassine immer weiter verschlechterte. Auf jeden Fall ist diese Begegnung wie ein Schock für mich. Es löst sich etwas in mir. Und gleichzeitig ist sie Balsam für meine Seele. Es ist lange her, dass jemand so teilnahmsvoll und freundlich mit mir gesprochen hat. Es ist lange her, dass jemand mich so zärtlich und mitfühlend angesehen hat. Ich spüre so etwas wie neue Lebenskraft in mir. Es scheint mir, als würde ich ein klein wenig von der Person wiederentdecken, die ich einmal war. Vielleicht ist Morgane doch nicht ganz und gar tot? Vielleicht kann der kleine Funke Lebensfreude, den ich jetzt in mir spüre, sogar wachsen?

Die darauffolgende Woche ist dann eine der verrücktesten in meinem ganzen Leben. Verrückt, weil ich endlich wieder zu mir finde.

Samuel hat mir die Augen über mich selbst geöffnet.

Ich habe den ersten Schritt gemacht, um aus der Falle herauszukommen, in der ich schon so lange zapple: Ich sehe der Wahrheit ins Auge. Aber ich werde noch viele Monate, sogar Jahre brauchen, um mich zu befreien. Das mache ich mir zu diesem Zeitpunkt nicht klar. Hätte ich eine Ahnung von dem, was mir noch bevorsteht, so hätte ich niemals die Kraft besessen, einen Ausbruch zu wagen.

24

Der Arm des Gesetzes

In der Woche, die Samuel noch in Frankreich verbringt, habe ich das Gefühl, eine Wiederauferstehung zu erleben. Ich will ihn noch einmal treffen und suche alle denkbaren Ausflüchte, um mir ein wenig Freiraum zu verschaffen. Yassine begreift nicht, was im Gange ist. Jeden Tag mache ich mich hübsch zurecht, ich schminke und frisiere mich. Er ist ratlos, fassungslos und stellt sich allerlei Fragen. Aber er ist auch zufrieden, mich nicht mehr in Jogginghose sehen zu müssen …

Jetzt, wo einmal die Dämme gebrochen sind, spüre ich, dass ich nicht mehr die Gleiche bin. Ich habe wieder Selbstvertrauen gewonnen. Ich knüpfe an Früheres an, ich werde wieder zu einer eigenständigen Person. Das habe ich der Anteilnahme von Samuel zu verdanken, seinen Ermutigungen, seinem kompromisslosen Urteil über Yassine und seinem Entsetzen über alles, was dieser mir über einen so langen Zeitraum angetan hat.

Die Gewalttätigkeit von Yassine besteht gleichermaßen fort. Er muss spüren, dass Änderungen vor sich gehen. In den ersten Tagen beobachtet er lediglich alles, aber der Druck steigt bereits.

Nachdem ich Samuel am Montag getroffen habe, lege ich mir für Mittwoch erneut eine Ausrede zurecht, und dann auch für Donnerstag. Als ich an diesem Abend nach Hause komme, explodiert Yassine. Es geschieht auf die immer gleiche Weise: Er sucht einen beliebigen Vorwand und beginnt, um mich herumzutigern wie ein wildes Tier. Dann geht es los, und dieses Mal geht er noch brutaler zu Werke als sonst – als wäre ihm klar, dass ich mich gedanklich von ihm entfernt habe. Er versucht, mich zu würgen. Das ist nicht das erste Mal. Aber heute habe ich das Gefühl, als stünde er kurz davor, mich umzubringen. Es ist furchtbar, gewürgt zu werden und keine Luft mehr zu bekommen. Die Atemnot löst haltlose Panik aus, dazu kommen die Schmerzen. Yassine duldet es nicht, dass ich im Haus einen Schal trage, auch wenn ich das früher oft getan habe. Schon mehrmals hat er mir das zum Vorwurf gemacht. »Erwischte« er mich dann doch mit einem Schal, zog er diesen so fest zu, dass ich kurz davor war, ohnmächtig zu werden.

Am nächsten Morgen, dem Freitag, ist mir klar, dass ich ihn anzeigen muss. Und dieses Mal ziehe ich es auch durch.

Bis zu diesem Zeitpunkt hatte ich ihn noch nie angezeigt. Aber ich suchte schon Ärzte auf, die medizinische Gutachten erstellten. Das erste dieser Gutachten stammt aus dem Juli 2008, das zweite aus dem März

2009, und es gibt noch ein drittes aus dem Oktober desselben Jahres. Das letzte datiert vom Mai 2010. Ich war jedes Mal bei den ortsansässigen Ärzten, die die Gutachten in ihrer Praxis behielten, damit sie nicht Yassine in die Finger fallen konnten. Diese Konstellation ist sehr heikel, denn in einem kleinen Dorf kennt jeder jeden. Einer der Ärzte ist zudem auch der Arzt von Yassines Vater und seiner Stiefmutter. Ich hatte im Grunde auch nie vor, von diesen Gutachten Gebrauch zu machen. Aber es war mir irgendwie doch wichtig, dass auf diesem Wege zumindest eine Spur seiner Taten erhalten bliebe. So konnten die Misshandlungen, die ich durch Yassine erdulden musste, nicht gänzlich verschwinden oder geleugnet werden. In einer dieser Arztpraxen wurde mir bei jedem Besuch dazu geraten, ihn zu verlassen.

Im Januar 2011 hatte ich mich bereits dazu durchgerungen, einen offiziellen Aktenvermerk zu veranlassen (ohne dass dadurch allerdings Anzeige erstattet worden wäre).

Am Abend zuvor hatte Yassine einen Tobsuchtsanfall, weil ich Brot einkaufte, ohne ihm vorher Bescheid zu sagen. Die Schläge fanden erst am nächsten Morgen ein Ende. Die Aussage, die ich tätigte, besaß folgenden Wortlaut:

Er sagte zur mir, dass ich ihm mitzuteilen hätte, wenn ich Brot einkaufen ginge, dass ich eine dumme Kuh, eine Schlampe sei, dass es respektlos sei, ihm nicht Bescheid zu sagen.

Er warf Geschirr zu Boden, ebenso eine Packung Milch und fuhr mich an: »Du Miststück, auf den Boden mit dir, ich werde dich schon erziehen, hol mir ein Glas, mach schon, du hast drei Sekunden Zeit dafür.«

Er versetzte mir Faustschläge auf die linke Wange, auf den Hinterkopf und auf den rechten Arm.

Am nächsten Morgen sagte er zu mir: »Und, tut es gut, was du gestern Abend von mir bekommen hast?«

Er versetzte mir mit seinen Sicherheitsschuhen einen Fußtritt gegen das linke Schienbein. Ich habe ein Hämatom davon.

Er versetzte mir eine Ohrfeige und zerbrach erneut Geschirr. Dann verließ er das Haus.

An diesem Morgen nahm ich meinen Sohn und verließ gemeinsam mit ihm unser Haus.

Diesen Aktenvermerk habe ich in einem Nachbarort hinterlegt. Mehr konnte ich nicht tun. Erneut wurde mir nach meinem spontanen Aufbruch mit Bilal klar, dass es keinen Ort gab, an den ich hätte dauerhaft fliehen können. Also bin ich damals zurückgekehrt.

Nach einem albtraumhaften Abend telefoniere ich dann also am Freitagmorgen mit den Polizeibeamten. Die für uns zuständige Wache besteht aus einer kleinen Einheit. Ich lege ihnen die Situation dar, teile ihnen mit, wie die Gewaltausbrüche von Yassine aussehen, und sage ihnen auch, dass ich Angst hätte.

»Nun, dann müssen Sie die Schlösser auswechseln, Madame. Wenn Sie Angst haben, dass er zurückkommt, dann wechseln Sie die Schlösser!«

Als ich ihnen erkläre, dass ich Anzeige erstatten will, antworten sie mir, dass ich sie wieder anrufen solle, wenn ich unmittelbar Opfer seiner Gewalttätigkeit würde.

»Aber Yassine nimmt doch das Telefon und die Schlüssel an sich, wenn er mich schlägt!«

Sie begreifen nichts von alledem, was bei uns vor sich geht. Vielleicht sind sie noch nie mit derartigen Situationen konfrontiert worden.

Ich bin am Boden zerstört und nehme Kontakt mit der Polizeibehörde der nächstgrößeren Stadt auf. Diesmal ist die Frau am Telefon schockiert über meine Ausführungen. Sie sagt zur mir: »Bleiben Sie ganz ruhig, die Polizeibeamten werden sofort kommen, ich kümmere mich persönlich darum!«

Und tatsächlich erscheinen die Beamten. Ich erzähle ihnen noch einmal, was vorgefallen ist, ich erkläre ihnen zum wiederholten Male, dass ich Angst hätte, und sie müssten eigentlich auch sehen, dass ich Panik vor Yassines Rückkehr habe.

Ihre Antwort lautet jedoch: »Nun, wechseln Sie die Schlösser aus, und rufen Sie uns an, wenn das nicht ausreicht …«

Immer der gleiche Vorschlag!

Als ich ihnen sage, dass ich Anzeige erstatten wolle,

informieren sie mich darüber, dass das nicht möglich sei, weil ich keine körperlichen Spuren aufwiese (allerdings sind sie keine Mediziner, soweit ich weiß …), und dass dieser Schritt Yassine noch zusätzlich gegen mich aufbringen werde. Sie wiederholen noch einmal, dass ich die Schlösser wechseln solle, wenn ich Angst hätte.

Es ist der helle Wahnsinn!

Sie haben keine Ahnung. Ich kann nicht hierbleiben, die Schlösser austauschen und dann einfach abwarten, bis Yassine nach Hause kommt – gerade so, als sei nichts geschehen. Wie stellen sie sich das vor, nach allem, was ich ihnen beschrieben habe? Glauben sie etwa, er klopft an die Tür, zuckt die Schultern und verschwindet brav wieder?

Da nehme ich Bilal und ergreife die Flucht. Ich nehme nichts mit außer meinem Handy.

Seit unserem heftigen Streit am Morgen hat Yassine begriffen, dass ich fortwill. Gegen 13 Uhr warnt mich der eine und andere aus der »Dorfjugend«. Sie kennen meinen Tagesablauf, und selbst sie haben Angst um mich.

»Morgane, Yassine ist heute früher nach Hause gegangen als gewöhnlich …«

Auch Isabelle ruft mich kurz an.

»Es sieht so aus, als würde Yassine dich suchen. Er behauptet, eine Waffe zu haben.«

Es steht außer Frage, unter diesen Bedingungen in

unsere Wohnung zurückzukehren. Ich rufe die Polizei an, und endlich reagieren die Beamten: »Gut, in Ordnung, wir begleiten Sie, damit Sie Ihre Sachen holen können.«

Als ich mit ihnen zu Hause eintreffe, schließe ich die Außentür auf. Aber als ich den Schlüssel ins Schloss der Wohnungstür schieben will, stelle ich fest, dass dieser nicht passt.

Die Tür wird von innen geöffnet, und Yassine taucht auf: »Guten Tag, meine Herren, meine Dame ... Kommen Sie wegen mir?«

Er wirkt rundum zufrieden mit sich, ist aber gleichzeitig bemüht, den Beamten gegenüber äußerst höflich zu bleiben.

Ich antworte wie aus der Pistole geschossen: »Ich hole nur meine Sachen!«

Als ich über die Türschwelle ins Haus trete, reißt Yassine mir Bilal aus den Armen und erklärt: »Sie soll mitnehmen, was sie will, aber der Kleine, der bleibt bei mir!«

Das kommt nicht infrage. Ich sage es den Beamten, aber sie wenden ein: »Ihr Mann ist ganz ruhig, Mademoiselle ... Machen Sie keine Schwierigkeiten ...«

Ich gerate in Wut. Die Wohnung ist auf meinen Namen gemietet, dennoch hat Yassine das Türschloss ausgewechselt, und das alles wissen die Beamten ganz genau. Das Einzige, was ihnen nun dazu einfällt, ist: »Gut, Mademoiselle, packen Sie Ihre Sachen. Sie sehen ja, dass er dem Kind nichts tun wird. Sie sehen ja, dass er jetzt ganz ruhig ist.«

»Das ist nicht Ihr Ernst, oder? Das ist mein Zuhause! Ich gehe hier nicht weg. Nicht ich muss von hier verschwinden, sondern er!«

Dennoch packe ich während des Gesprächs meine Sachen zusammen. Die Beamten drängen immer stärker darauf, dass ich mit ihnen gehe, und zwar ohne meinen Sohn! Sie sind schon fast so weit, mich vor meine eigene Tür zu setzen und mein Kind in den Händen eines Mannes zu lassen, von dem sie wissen, dass er gewalttätig ist. Einer von ihnen fügt sogar noch hinzu: »Wo er doch jetzt ganz ruhig ist … Es wird schon alles klappen, er wird dem Kleinen nichts tun … Jetzt nerven Sie uns nicht noch mehr.«

Jetzt bin ich natürlich vollkommen außer mir. Yassine hingegen steht wie ein Fels in der Brandung ganz ruhig da, mit Bilal auf dem Arm. Tatsächlich bin ich diejenige, die wie eine Verrückte, wie eine Furie wirkt. Und das macht mich beinahe wahnsinnig. Ich brauche Hilfe, ich habe die Beamten gerufen, aber sie wählen lieber den leichten Weg und verschließen die Augen. Als ich mich am Treppengeländer festkralle, fasst mich einer der Beamten um die Taille und zwingt mich loszulassen. Sie schleppen mich förmlich aus meinem Haus heraus und trennen mich von meinem Sohn.

Ich stehe auf der Straße. Allein.

Für eine Nacht finde ich Unterschlupf bei Yassines Stiefmutter. Sie wohnt ganz in der Nähe. Sein Vater ist nicht da. Wir unterhalten uns ein wenig, irgendwann rät sie mir dann: »Gib ihn auf. Er wird dich eines Tages noch umbringen …«

Sie macht sich keinerlei Illusionen hinsichtlich ihres Stiefsohnes. Jahrelang ist sie aufs Kommissariat gegangen, um ihn immer wieder dort abzuholen. Sie kennt ihn genau.

In dieser Nacht finde ich nicht viel Schlaf. Ich wälze alle möglichen Gedanken, um einen Ausweg zu finden. Am nächsten Tag klingle ich gegen Mittag an meiner eigenen Haustür.

»Nun gut, Yassine, hör mir zu. Ich denke, dass wir uns jetzt wirklich für eine Zeit lang trennen müssen. Ich gehe zu meiner Mutter. Ob dir das nun passt oder nicht, spielt keine Rolle!«

Ich bin ebenso ruhig wie entschlossen. Yassine ist überrascht von meiner Kühnheit. Er weiß nicht, was er angesichts meiner Selbstsicherheit sagen soll. Ich fahre fort.

»Bilal bleibt bei dir. Du kümmerst dich um ihn.«

Damit lasse ich ihn einfach stehen. Im Bus kann ich es gar nicht fassen. Ich habe es getan. Meine Sorge um Bilal hat sich aufgelöst, denn die Stiefmutter von Yassine wird in der Nähe sein und aushelfen. Ich brauche einfach zwei Tage, um durchatmen zu können.

Durchatmen und mein weiteres Vorgehen planen.

In Paris treffe ich noch einmal Samuel, der seinen letzten Abend in Frankreich verlebt. Am nächsten Tag muss er nach Israel fliegen, wo er seinen Militärdienst ableistet. Nach seiner Abreise werde ich keine Neuigkeiten mehr von ihm erhalten. Er wird mir nicht schreiben können.

Am Montagmorgen begebe ich mich innerlich gewappnet auf die Polizeiwache. Ich werde Anzeige erstatten. Ich erzähle, was sich abgespielt hat. Außerdem liste ich alle Gewalttätigkeiten auf, die ich in den letzten drei Jahren erduldet habe. Ich lege die Bescheinigungen der Ärzte vor.

Nach der Anhörung frage ich die Beamtin, die alles aufgenommen hat, was nun geschehen werde.

»Wir werden ihn innerhalb der nächsten drei Wochen vorladen …«

Das schlägt dem Fass den Boden aus. Ich bin sprachlos.

Drei Wochen?

Was soll ich denn während dieser Zeit tun?

25

»Frauensache«

Nachdem ich die Polizeiwache verlassen habe, kehre ich nach Hause zurück. Ich werde Bilal nicht länger mit seinem Vater alleinlassen. Den ganzen Tag über schwirren mir alle möglichen Gedanken durch den Kopf.

Drei Wochen … Drei lange Wochen muss ich also Seite an Seite mit Yassine leben und geduldig darauf warten, welche Entscheidung sie treffen. Wie wird er reagieren, wenn er seine Vorladung erhält? Es ist eine absurde Situation. Wird er artig dorthin gehen, oder wird er mich vorher umbringen? Ich sitze in der Falle. Meine Angst wächst. Ich fürchte mich vor dem, was geschehen wird. Vor dem, was ich ins Rollen gebracht habe.

Yassine scheint zufrieden darüber zu sein, dass ich wieder da bin. Er geht nicht auf mich los. Der Abend verläuft wie gewohnt. Er sitzt auf dem Sofa vor dem Fernseher. Ich bereite das Abendessen zu, kümmere mich um Bilal, und irgendwann setze ich mich neben Yassine, auch wenn mir ganz mulmig dabei ist.

Am nächsten Tag fasse ich einen Entschluss: Ich werde meine Anzeige zurückziehen. Ich kann nicht so lange abwarten. Was werden sie ihm bei dieser Vorladung schon sagen? Wenn sie sich so viel Zeit lassen, heißt das, dass sie das Ganze nicht ernst nehmen. Sie werden ihm also ins Gewissen reden und ihn dann wieder laufen lassen. Aber ich, ich bin danach dran!

Am Dienstag gehe ich erneut auf die Polizeiwache. Ich will die Anzeige zurückziehen, und damit es auch wirklich klappt, erkläre ich: »Er hat unsere Wohnung verlassen, und wir haben gemeinsam eine Einigung gefunden, was die Fürsorge für unser Kind angeht.« Der diensthabende Beamte sieht mich freundlich an. Er lässt sich nicht täuschen. Er hat schon viel gehört und gesehen, und so gibt er mir schließlich mit auf den Weg:

»Bei ›Frauensache‹ (»Du côté des femmes«), der Frauenberatungsstelle hier am Ort, befindet sich direkt neben der Abteilung für Arbeitsvermittlung ein Büro eigens für misshandelte Frauen. Schauen Sie dort einmal vorbei …«

Ich nicke wortlos und unterzeichne das Protokoll. Und gehe wieder nach Hause.

Ich werde zu dieser Anlaufstelle der Frauenberatung gehen. Etwas hat sich bei mir verändert. Auch wenn ich auf die Anzeige verzichte, ist mir klar, dass ich handeln muss. Ich empfinde eine neue Dringlichkeit, eine absolute Notwendigkeit, tätig zu werden.

Die Verteilung der Büros in den Räumlichkeiten der Frauenberatung ist gut durchdacht. Da die Abteilung für Arbeitsvermittlung direkt neben besagtem Büro liegt, kann man von außen unmöglich sehen, wer wohin geht … Das gibt mir eine gewisse Sicherheit, weil Yassine in dieser Stadt jeden kennt und ich sicher bin, dass so mancher ihn informiert, wenn er mich sieht. Aber so kann mir niemand einen Vorwurf machen. Ich sage Yassine wieder einmal, dass ich Arbeit suche, und alles geht glatt.

Wenn man das so sagen kann.

Ich gelange ohne Probleme hin. Aber als ich dort bin, gerate ich in eine heillose Verwirrung. Ich nehme an einem Gruppengespräch teil. Als ich den anderen Frauen zunächst zuhöre und dann sehe, wie sie auf die Erzählungen aus meinem Alltag reagieren, begreife ich allmählich, wie anormal es ist, was sich in meinem Leben abspielt. Und wie gefährlich.

Als ich mich der Sozialarbeiterin und der in der Frauenberatung arbeitenden Psychologin anvertraue, spüre ich keinerlei Verurteilung in ihren Blicken. Sie sehen mich nicht ratlos oder vorwurfsvoll an wie so manche andere und fragen mich nicht: »Warum haben Sie ihn denn nicht verlassen?« Sie wissen, was sich abspielt, sie kennen die näheren Umstände solcher Situationen. Und das tut einfach nur gut.

Im Lauf der Gespräche wird mir klar, dass ich mich hier nicht verstecken muss.

Die anderen Frauen haben oft ähnliche Geschichten erlebt wie ich. Das Verständnis ist groß. Man muss nicht erklären, warum man sich niemandem anvertraut hat, warum man nicht einfach auf und davon geht. Es ist unglaublich erleichternd, sich nicht rechtfertigen zu müssen, mit Menschen zusammen zu sein, denen man nichts erklären muss. Und es ist gut, nicht verurteilt zu werden.

Wir alle haben die Hölle auf Erden erlebt.

Wenn ich die Erzählungen mancher dieser Frauen höre, dann denke ich sogar, dass sie weitaus mehr zu beklagen sind als ich. Mir kommt jene aus dem Kongo stammende Frau in den Sinn. Über Monate hinweg wurde sie jeden Tag von Soldaten vergewaltigt. Sie tauchten auf und vergewaltigten sie der Reihe nach, stundenlang. Unsere Anteilnahme an ihrem Schrecken, wenn sie die Soldaten näher kommen hörte, und an ihren unerträglichen Schmerzen war riesengroß. Jedes Mal, wenn ich schwach werde, denke ich an sie.

Zum Glück sind nicht alle Schicksale so schrecklich wie dieses.

Anfangs höre ich mehr zu und gebe wenig von mir preis. Ich brauche Zeit, um mich zu öffnen. Denn das Vertrauen stellt sich erst allmählich ein.

Zu Hause ändert sich wenig. Bemerkenswert ist jedoch, dass Yassine mich etwas weniger häufig schlägt. Nur noch alle zwei oder drei Tage. Das ist für mich eine echte Wohltat: »Wow, es gibt tatsächlich Tage, an denen ich nichts abbekomme!« Die Kehrseite der Medaille ist, dass er immer härter zuschlägt, wenn es dazu kommt.

Von Samuel erhalte ich zu meinem Kummer keinerlei Nachrichten. Es herrscht absolute Funkstille, und das kann ich nur sehr schlecht aushalten. Sogar Yassine bemerkt meine Traurigkeit. Eine Traurigkeit, die er nicht gewohnt ist. Nach einer Weile spricht er mich direkt an: »Hast du einen anderen Mann?«

»Wie kommst du denn darauf? Du spinnst ja!«

»Doch, du hast einen anderen, das muss es sein. Nur ein Mann kann dich so traurig machen!«

Ich leugne weiter, aber Yassine glaubt mir nicht. Er besitzt einen sechsten Sinn dafür, was mir im Kopf herumgeht.

Die Anspannung in unserem Zusammenleben steigt. Yassine überwacht mich. Er schnappt sich mein Handy, sobald er nach Hause kommt, um meine Telefonate zu überprüfen. Und er gibt mir einen Auftrag nach dem anderen, um mich den ganzen Tag über zu beschäftigen.

An erster Stelle steht natürlich der Haushalt, der sehr viel Zeit in Anspruch nimmt. Täglich muss ich staubwischen, Bad und Küche putzen und staubsaugen. Am Nachmittag wiederhole ich noch einmal das eine oder andere, um sicher zu sein, dass bei seiner Rückkehr alles blitzblank ist. Außerdem muss ich Besorgungen für ihn erledigen. An einem Tag verlangt er beispielsweise, dass ich eine möglichst günstige Infrarotlampe kaufe. Er muss hin und wieder bei seiner Arbeit Glasscheiben einsetzen. Sind sie einmal an Ort und Stelle, bringt er sie mit äußerster Akribie auf Hochglanz. Nun hat er sich in den Kopf gesetzt, dabei eine Infrarotlampe zu benutzen, um auch noch dem kleinsten Schmutzfleck auf die Schliche zu kommen … Ich muss also kreuz und quer durch ganz Paris fahren, um eine solche Lampe zu finden, aber es gelingt mir nicht. Weder in den Baumärkten noch in Tierhandlungen, die solche Lampen ausschließlich für Aquarien führen … Jeden Abend fängt er wieder davon an, bis er sich irgendwann eine andere fixe Idee in den Kopf setzt – und ich in diesem Fall Glück habe.

Zu seinen Techniken, das Stresslevel hochzuhalten, gehört auch, dass er für alles, was ich zu tun habe, eine Zeitspanne bemisst. Er gewährt mir einen fest umrissenen Zeitrahmen für die Aufgaben, die ich zu erfüllen habe: Bin ich nicht schnell genug, dann setzt es was. Also bin ich ständig unter Zeitdruck, es bleibt mir keine Minute, um nachzudenken, zu hinterfragen oder zu analysieren. Ich gerate in eine permanente Panik wie der Hamster, der sich in seinem Rad abstrampelt, um nicht den Boden unter den Füßen zu verlieren.

Der Druck steigt, aber nicht nur für mich. Yassine wird auch Bilal gegenüber immer aggressiver.

Zum ersten Mal verpasst er ihm nun einen Klaps auf den Hintern, wobei »Klaps« die Sache reichlich beschönigt …

Es ging los mit Spielsachen, die Bilal nicht aufräumen wollte. Yassine verlangte, dass er Ordnung schaffe, und Bilal weigerte sich. Wie alle Kinder dieser Welt. Aber Yassine ertrug es nicht, dass sein Sohn ihm Widerworte gab. Normalerweise schalte ich mich dann rasch ein und bemühe mich, mögliche Quellen für Yassines Verärgerung zu beseitigen. Aber an jenem Tag ging alles zu schnell: Yassine regt sich auf. Der Kleine schreit aus Leibeskräften, es ist furchtbar. Irgendwann wendet sich Yassine wutschnaubend von ihm ab und wirft das Abendessen in den Müll. Als er erneut die Hand gegen Bilal erheben will, gehe ich dazwischen. Die Stimmung ist bedrohlich. Bilal ist vollkommen verschüchtert. Yassine ist außer sich, und ich habe keine Ahnung, wie alles enden wird. Da das Essen jetzt ja im Müll gelandet ist, verlangt Yassine, dass wir ins Restaurant gehen.

In eisigem Schweigen brechen wir auf.

Während der gesamten Mahlzeit brütet Yassine vor sich hin. Er kocht innerlich immer noch vor Wut. Als wir wieder zu Hause ankommen, befiehlt er mir auf der Stelle: »Bring den Kleinen ins Bett!«

Sein Tonfall verrät, dass mir Übles bevorsteht.

Und diesmal erstrecken sich die Attacken über Stunden. Jedes Mal, wenn seine Faust auf mich niedergeht, sage ich mir, dass sie immerhin nicht Bilal trifft. Ich beiße die Zähne zusammen, ich hoffe, dass seine Wut mit den Schlägen nachlässt, und denke daran, dass es mir zumindest gelungen ist, meinen Sohn zu schützen.

Yassine beschließt, dass Bilal kein Spielzeug mehr haben darf. Er sammelt alles ein, um es dann in sein Auto zu bringen. Oder vielmehr, um es von mir in sein Auto bringen zu lassen … Während meiner zahlreichen Wege tut er mir weiter Gewalt an. Plötzlich bemerkt er, dass ein Schlüssel fehlt. Schon gehen die Schläge von Neuem los. Beinahe die ganze Nacht.

Als Bilal am nächsten Morgen sieht, was geschehen ist, gibt er keinen Mucks von sich. Nicht einen Klagelaut. Er lächelt einfach weiter. Am Abend zuvor hatte er im Restaurant einen Luftballon bekommen, der noch in der Wohnung ist. Also beginnt er, mit ihm zu spielen, und trällert dabei zufrieden vor sich hin.

Gerade so, als wollte er seinen Vater damit provozieren.

Mithilfe der Sozialarbeiterin und der Psychologin von der Frauenberatung habe ich begonnen, die Probleme tatsächlich anzugehen. Ihre Unterstützung war der entscheidende Impuls. Auch wenn ich selbst schon seit Langem befürchtet hatte, dass er mich eines Tages umbringen könnte, gewinnt alles eine andere Dimension, als sie mir gestehen, dass sie diese Angst teilen. Es ist sehr schwer, solchen Erkenntnissen ins Auge zu sehen.

Erst dank ihrer Energie, ihrer Worte und all der Zeit, die sie mir widmeten, ist es mir gelungen, einen Weg aus meinem Unglück zu finden. Weil ich eines Tages dann wirklich begriffen habe, dass Yassine mich umbringen würde. Ich konnte gerade noch rechtzeitig reagieren. An einem Sonntag, der sich auf ewig in mein Gedächtnis eingebrannt hat.

26

Jener Tag

Der Sonntagmorgen, um den es geht, beginnt wie alle anderen. Bilal wird wach, und wir beide bleiben im Schlafzimmer. Bloß nicht seinen Vater aufwecken, der auf dem Sofa im Wohnzimmer eingeschlafen ist! Solange Yassine noch nicht aufgestanden ist, flüstern wir und passen höllisch auf. In diesen Phasen bin ich Bilal gegenüber sehr nachgiebig ... Er muss sich gedulden, bis es Frühstück gibt, und das ist schwer für ihn. Ich selbst habe es mir abgewöhnt, morgens etwas zu essen – ich habe es mir überhaupt abgewöhnt, vernünftig zu essen. Heute müssen wir im Schlafzimmer ausharren, bis er aufwacht. Aber häufig befinden wir uns auch im Wohnzimmer. Dort esse ich ebenfalls nicht, weil Yassine mir immer vorwirft, beim Kauen zu viele Geräusche zu machen. Zur Toilette kann ich auch nicht gehen, weil er dann womöglich nicht so lange schlafen könnte, wie er will. Also verrichte ich mein Bedürfnis in eine Plastiktüte und warte, bis der Weg frei ist.

Als Yassine an jenem Tag wach wird, bereite ich ihm unverzüglich sein Frühstück zu. Er ruft Bilal und verkündet ihm: »Heute Nachmittag gehen wir in den Playmobil-Park!«

»Nein.«

Damit macht Bilal kehrt und beginnt, mit seinem armseligen Luftballon zu spielen. Yassine ist sprachlos. Und wütend.

»Warum gibt der Kleine mir Widerworte?«

Ich versuche, ihm begreiflich zu machen, dass Bilal vielleicht einfach nur zu Hause bleiben wolle, aber Yassine will nichts davon hören. Seine Wut kocht hoch. Es ist eine unglaubliche Wut. Er verpasst mir eine erste Ohrfeige, die Tränen bei mir hervorruft. Als er das sieht, schreit er:

»Ich werde dir jetzt mal einen guten Grund zum Heulen geben!«

Die Schläge prasseln auf mich nieder in einer Stärke, die mich zu Boden gehen lässt. Ich versuche, ein Stöhnen zu unterdrücken, damit Bilal, der bereits im Schlafzimmer ist, nichts hört.

Am Sonntagmorgen gehen wir immer im Supermarkt Carrefour einkaufen. Das ist ein Ritual, von dem Yassine auch heute nicht abweicht. Es muss also in aller Eile geduscht, und Bilal muss angezogen werden, der nun schon missmutig dreinschaut, weil er keine Lust auf die Fahrerei hat. Unser Aufbruch muss jetzt aber zügig erfolgen, da Yassine bereits hochgradig gereizt ist. Meine Angst wächst …

Wir steigen alle drei ins Auto. Unterwegs schlägt mich Yassine immer wieder. Er hört gar nicht mehr auf. Alles vor Bilal. Es ist lange her, dass er mich so offen vor ihm geschlagen hat. Meine Angst nimmt stetig zu. Seine Gewalttätigkeit steigert sich von Minute zu Minute, gerade so, wie der Druck in einem Dampfkochtopf nach oben schnellt.

Als wir beim Supermarkt ankommen, bin ich vor Angst wie gelähmt. Er hat mir bereits geschworen, dass es nach unserer Rückkehr für mich erst richtig losgehe. Angesichts dessen, was er mir bereits angetan hat, habe ich das Gefühl, dass er mich umbringen wird. So klar wie noch nie steht mir das jetzt vor Augen, auch wenn ich schon vorher um mein Leben gefürchtet habe. Immer wieder sage ich mir: »Heute Abend werde ich nicht mehr leben. Er wird mich heute töten.«

Ich muss etwas unternehmen ...

Wir fahren auf dem Parkplatz herum, finden aber keine Lücke. Also beschließt Yassine, uns aussteigen zu lassen, Bilal und mich.

»Los, steig aus und fang schon einmal an mit den Einkäufen. Ich suche einen Parkplatz.«

Das lasse ich mir nicht zweimal sagen. Außerdem habe ich auch noch das Glück, dass er vergisst, mir mein Handy abzunehmen. Sobald er weitergefahren ist und uns nicht mehr sieht, rufe ich die Polizei an. Ich bin in heller Panik und erkläre ihnen: »Hören Sie bitte, ich bin die Frau von Yassine. Ich bin bereit, die Sache jetzt bis zum Ende durchzuziehen. Ich zeige ihn an! Retten Sie mich vor ihm, er wird mich sonst töten!«

Ich erkläre ihnen, dass wir beim Einkaufen seien, danach aber nach Hause zurückführen. Ich bin vollkommen durch den Wind.

Die Antwort lautet: »Aha, gut. Sie haben sich also endlich entschlossen …«

Ich lege schnell auf, habe gerade noch genug Zeit, die Nummer der Polizeiwache zu löschen und einmal kurz die Mailbox anzuwählen, dann hat uns Yassine auch schon eingeholt und reißt mir das Telefon aus der Hand. Er hat gesehen, dass ich es benutzt habe.

»Mit wem hast du gerade gesprochen?«

»Mit niemandem. Ich dachte, ich hätte eine Nachricht erhalten …«

Zum Glück schenkt er meiner Behauptung Glauben. Die auf dem Bildschirm erscheinende Nummer passt zu meiner Behauptung. Dennoch gerät er kurz ins Grübeln: »Das ist ja seltsam.« Er forscht aber nicht weiter nach, und wir machen uns auf den Weg in den Supermarkt.

In der Öffentlichkeit beherrscht er sich. Keine Schläge. Dennoch zittere ich. Ich tue mein Bestes, damit niemand etwas merkt, aber ich habe eine Heidenangst. Hoffentlich sind die Polizeibeamten da! Hoffentlich lassen sie mich nicht hängen!

Im Auto wird alles noch schlimmer. Wenn sie nicht kommen, hat meine letzte Stunde geschlagen. Ich habe eine Angst, wie ich sie noch nie zuvor in meinem Leben gehabt habe. Der Schrecken kriecht mir in alle Glieder. Meine Muskeln verkrampfen sich so sehr, dass ein Zittern meinen ganzen Körper ergreift, das ich verzweifelt unter Kontrolle zu bringen versuche.

Als wir in unserer Straße parken, fällt mir sofort das Polizeiauto dort auf. Yassine verdreht die Augen.

»Wie seltsam, dass sie an einem Sonntagmorgen hier auftauchen …«

Aber er befiehlt mir, mich schleunigst auf den Weg ins Haus zu machen. Ich beginne, die Einkäufe fortzuräumen. Zunächst muss alles mit einem Reinigungstuch abgewischt werden.

Nicht einmal fünf Minuten später klingelt es an der Tür. Yassine wirft mir einen erstaunten Blick zu, dann bewegen wir uns beide zum Eingang. Er öffnet zunächst die Wohnungstür, dann die blaue Tür, die nach draußen führt. Sobald er die Polizisten sieht, weiß er Bescheid. Er will die Tür wieder schließen, aber einer der Beamten hat seinen Fuß auf die Schwelle gestellt. Sie ermahnen ihn: »Lass es gut sein, Yassine.«

Ich habe in der Zwischenzeit hinter ihm rasch die Wohnungstür ins Schloss geworfen. Dabei entfährt mir ein befreiendes »Krepieren sollst du!«. Yassine sitzt im Vorraum fest. Es gelingt ihm, sich an den Polizeibeamten vorbeizudrängen. Draußen versucht er, über den Zaun zu springen, der die Vorgärten begrenzt. Bei seinem wilden Fluchtversuch hat er die beiden Polizisten verletzt. Sie greifen plötzlich nach ihrem Taser und schießen ein erstes Mal auf ihn. Aber das stoppt ihn nicht. Ich höre, wie Yassine schreit: »Ah! Sie haben tat-

sächlich auf mich geschossen, sie haben auf mich geschossen!«

Verstärkung rückt an, Yassine aber gibt immer noch
nicht auf, und so schießen die Beamten ein zweites
Mal mit ihrer Elektroschockpistole. Eine richtigge-
hende Schlacht. Wie ein Tier heult er auf, während ich
mich wie gebannt hinter der Tür versteckt halte. Als es
ihnen endlich gelingt, ihm Handschellen anzulegen,
durchströmt mich eine Woge der Erleichterung. Meine
gesamte aufgestaute Anspannung entlädt sich jetzt mit
einem Mal, und zwar in der Form, dass ich ihm einen
ganzen Schwall von Beleidigungen an den Kopf werfe.
Er hat begriffen, dass ich es schaffte, die Beamten zu
verständigen, und ist vollkommen verblüfft. Als könnte
er einfach nicht glauben, dass ich ihm das »antun«
kann.

In aller Eile rufe ich die Stiefmutter von Yassine an,
denn ich muss mit auf die Wache fahren, um eine Aussage machen. Das ist erforderlich, um Anzeige erstatten
zu können. Sie kommt und kümmert sich um Bilal.

Auf der Polizeiwache werden wir in zwei getrennte
Zimmer gebracht, aber ich höre, wie Yassine in meine
Richtung ruft:

»Sag ihnen nicht alles, Liebste, sag nicht alles!«

Aber das würde nicht viel ändern. Es ist ihm gar
nicht richtig klar, dass das, was ihm zur Last gelegt
wird – die Gewalttätigkeit – ein schweres Vergehen ist.

Unsere Polizeiwache ist ein typisches Provinzbüro mit Spitzenvorhängen an den Fenstern, in die Katzenmotive eingelassen sind; eine kleine ruhige Wache für die umliegenden Dörfer, in denen es normalerweise ebenfalls ruhig zugeht. Sie haben Yassine mit Handschellen an den Stuhl gekettet, ohne weitere Vorsichtsmaßnahmen zu treffen.

Nachdem ich meine Aussage gemacht habe, breche ich auf. Aber als er hört, wie ich die Polizeiwache verlasse, gerät er außer sich. Er springt mit einem Satz auf, obwohl ein Arm weiterhin am Stuhl hängt. Er stürzt zum Fenster, öffnet es, bevor jemand ihn aufhalten kann, und beginnt, meinen Namen zu schreien. »MORGANE!« Seine Stimme jagt mir einen Schauer über den Rücken, aber als ich mich umdrehe, sehe ich, wie zwei Beamte ihn überwältigen und zu Boden drücken. Diese Szene wird mir nicht so schnell aus dem Kopf gehen. Ich habe solche Angst, dass es ihm gelingen könnte, zu fliehen und mich erneut zu schlagen.

Selbst zu Hause stehe ich immer noch unter Schock. Ich setzte mich auf das Sofa, wohlgemerkt auf seinen Platz, und machte nichts. Rein gar nichts. Ich saß einfach nur da und habe geraucht und ins Leere gestarrt. Immer wieder sagte ich mir staunend: »Ich muss ja gar nichts tun …« Ich konnte es kaum glauben, aber ich genoss es.

Es ist unglaublich, welche Wirkung es haben kann, keine Angst mehr haben zu müssen.

Wie sagt man so schön: Die Last liegt mir wie Blei im Magen. Ein tonnenschwerer Stein fällt mir vom Herzen. Diese Aussprüche sind so zutreffend, und dennoch bleiben sie hinter dem zurück, was ich empfinde. Ich bin leer und erschöpft, aber ich spüre eine Energie, die jetzt nur noch zum Leben erweckt werden muss. Endlich zeichnen sich wieder neue Handlungsspielräume für mich ab. Ich weiß noch nicht, was ich wirklich tun werde, aber die Sonne blinzelt mich wieder an.

Am nächsten Tag, einem Montag, muss ich einen Amtsarzt aufsuchen, der ein ärztliches Gutachten verfassen soll. Es kommt zu einer Gegenüberstellung. Dieses Mal wird weit mehr aufgeboten als lediglich Handschellen: Eine ganze Mauer von Polizisten steht zwischen uns und hält ihn in Schach. Yassine gibt alles zu. So geht er vor, wenn er weiß, dass er keinerlei Chance hat. Er hofft, den Richter auf diese Weise gnädig zu stimmen.

Am Dienstag wird er dem Strafrichter vorgeführt.

Der Prozess selbst stellt für das Opfer immer eine große Belastung dar. Jedenfalls war das bei mir so. Ich fühlte mich sehr allein, auch wenn ich eine Anwältin an meiner Seite wusste. Diese hatte ich zuvor allerdings nie gesehen, da sie mir in aller Eile als Rechtsbeistand von der Beratungshilfe zur Verfügung gestellt wurde. Es war mir nicht klar, dass ich einen Rechtsvertreter benötigte, und so machte ich sie erst eine Stunde vor der Anhörung ausfindig. Außerdem musste ich jetzt noch einmal alles anhören, was er mir angetan hatte. Das ist ein seltsames Gefühl: Es ist zwar von entscheidender Wichtigkeit, dass alles offiziell festgehalten und zugegeben wird, aber es ist zugleich die Feststellung eines furchtbaren Scheiterns. Ich sitze dort auf meinem Stuhl, umringt von all diesen Personen – dem Richter, den Anwälten, den Beamten und dem Publikum im Saal, und man zählt auf, was mir alles widerfahren ist. Die Leute blicken bar jeder Anteilnahme auf meinen Leidensweg. Die Beschreibungen erfolgen ebenso detailliert wie gleichgültig. Dabei ist es mein Leben während der letzten Jahre, das hier ausgebreitet wird.

Es fällt mir beinahe schwer, das alles zu glauben.

»Gestehen Sie die Taten?«, fragt der Richter.

»Ja.«

Erneut gesteht Yassine alles.

Der Richter zählt die Taten nacheinander auf, und Yassine gibt jede einzelne zu.

Er wird zu achtzehn Monaten Haft verurteilt, davon werden sechs zur Bewährung ausgesetzt. Ins Gewicht gefallen sind auch die Tätlichkeiten gegenüber den Polizeibeamten bei seiner Verhaftung. Die Beamten sind weitaus länger arbeitsunfähig als ich, nämlich neun Tage (und ich lediglich vier), und fordern Schadensersatz, der ihnen auch zugesprochen wird.

Ich glaube, damit hat Yassine nicht gerechnet. Nach der Urteilsverkündung schreit er: »Morgane!!!«

Es ist ein Schrei, in dem gleichermaßen Wut und Verzweiflung liegen. Er fährt jedem durch Mark und Bein – nicht nur mir, sondern auch allen Anwesenden. Es ist ein herzzerreißender und zugleich furchteinflößender Schrei.

Er ist mit einem Satz aufgesprungen. Sofort stürzen die Beamten hastig zu ihm hin. Ein Amtsdiener führt mich aus dem Saal. Man leitet mich durch die Gänge des Gerichts, aber die Schreie von Yassine, der ohne Unterlass meinen Namen wiederholt, verfolgen mich. Sie hallen durch das ganze Gebäude, es ist fürchterlich. Jetzt fügt er sogar noch hinzu:

»Verzeih mir!«

Ich zittere am ganzen Körper. Ich bin frei und verspüre eine ungeheure Erleichterung, aber diese Schreie meißeln sich in mein Herz.

»Morgane! Lass mich nicht allein!«

Es ist verrückt, aber als ich diese Worte höre, kommt es mir beinahe so vor, als würde ich mein Kind verlassen.

Plötzlich erwacht Mitleid in mir. Mit einem Mal kann ich es nicht verhindern, dass ich Angst um ihn habe. Er wird ins Gefängnis wandern, aber was wird ihm dort widerfahren? Er hat es verdient, aber wird er es auch aushalten?

Mehrmals habe ich ihm an den Kopf geworfen, dass er krepieren solle, ohne es tatsächlich herbeizuwünschen. Jetzt befürchte ich, dass er eine Dummheit begehen könnte.

Als ich das Gerichtsgebäude verlasse, bin ich vollkommen aufgewühlt. Ich muss unbedingt nach Hause. Bilal ist immer noch bei der Stiefmutter von Yassine, aber ich werde ihn nicht sofort dort abholen. Ich brauche ein wenig Zeit, um allein zu sein. Nur so komme ich wieder zu mir.

Als ich endlich auf dem Sofa sitze, versuche ich, Klarheit in meine Gedanken zu bringen.

Was soll ich jetzt tun?

Wie soll ich mein Leben organisieren?

27

Der Aufschub

Es ist eine seltsame Zeit, die jetzt für mich beginnt. Ich entdecke die Freiheit wieder.

Die Angst, die so lange mein ständiger Begleiter war, weicht ganz allmählich von mir. Ich lerne mich wieder neu kennen. Ich ergreife erneut Besitz von meinem Körper.

Am Tag nach seiner Inhaftierung ruft mich Yassine an: »Verzeih mir, Morgane. Ich meine es ernst, verzeih mir. Es tut mir leid. Und danke, dass du mir Einhalt geboten hast. Du und ich, wir beide wussten, dass es sonst ein schlimmes Ende nehmen würde. Wenn du mich nicht gebremst hättest, würde ich jetzt für zwanzig Jahre hier festsitzen …«

Ich weiß damals nicht, was ich von alledem halten soll, was er mir sagt. Ich weiß nicht, ob er aufrichtig ist, oder nicht, ob wieder Berechnung im Spiel ist, ob er in der einen Minute selbst daran glaubt und in der nächsten seine Meinung schon wieder geändert hat.

Drei Tage später ruft mich ein Gefängniswärter an. Dieser versichert mir nun, dass Yassine sehr mit sich hadere, dass er an sich arbeite und dass man ihm verzeihen müsse. Diese Darstellung bringt mich vollkommen aus dem Gleichgewicht. Warum ruft mich dieser Wärter überhaupt an? Warum macht er sich zum Sprachrohr eines Häftlings? Mir setzen seine Worte so zu, dass ich mit meiner Psychologin darüber rede. An ihrer Reaktion merke ich, dass ein solches Vorgehen alles andere als üblich oder normal ist. Sie wird die Sache melden …

Yassine ist es gelungen, einen der Wärter um den Finger zu wickeln. Also jemanden, der von Berufs wegen schon einiges erlebt hat und sich mit solchen Manövern auskennen sollte. Das jagt mir einen Schauer über den Rücken. Ich habe den Eindruck, dass niemand ihm Kontra bieten kann und somit auch niemand ihn dazu bringt, sich tatsächlich zu ändern. Er sieht sich in seiner Strategie nur noch bestärkt.

Im Gefängnis nimmt er an einer Fortbildung teil. Er ist ein vorbildlicher Häftling. Sein Verhalten wird ihm eine Haftverkürzung einbringen, und er wird früher ins normale Leben zurückkehren als vorgesehen. Während der letzten sechs Monate seiner Strafe muss er lediglich eine elektronische Fußfessel tragen. Im März kam er ins Gefängnis, und er wird im September schon wieder draußen sein.

Während seiner Inhaftierung werde ich noch einmal zu der Jugendlichen, die ich einmal war, und lasse mich auf Unternehmungen ein, die mir früher lieb waren.

Ich treffe mich mit Freundinnen, und wir kochen und essen gemeinsam. Ich gehe mit Bilal spazieren, erledige in Ruhe meine Einkäufe und kaufe alles, was mir gefällt. Wenn es das Wetter erlaubt, organisiere ich in unserem Dorf ein Picknick am Ufer der Seine. Der Frühling ist mild, und es tut so unglaublich gut, draußen sein zu können, die Sonne zu genießen, ohne diesen ständigen Druck zu verspüren. Es ist wunderbar, einfach so über meine Tage verfügen zu können, machen zu können, was ich will. Ich muss keine Rechenschaft ablegen. Traumhaft. Ich nehme wieder Kontakt zu meiner Mutter auf, und auch zu meinen Freunden, was Yassine unterbunden hatte. Zaghaft taste ich mich an sie heran und hoffe, dass sie es mir nicht übel nehmen, sie so lange nicht kontaktiert zu haben. Aber alle sind eher erleichtert darüber, dass ich nicht mehr mit Yassine zusammen bin.

Am Sonntag nach seiner Verurteilung beschließe ich, die Fensterläden zu öffnen. Yassine verlangte sehr oft, dass sie geschlossen blieben, damit niemand uns von draußen beobachten könne. Einer der Typen von der »Dorfjugend« geht auf der Straße vorbei und sieht mir bei meinem Treiben zu, aber einer der Fensterläden klemmt. Ich gebe schließlich auf, aber eine Viertelstunde später klingelt es an der Tür. Es ist der junge Typ.

»Entschuldige, Morgane ... Aber ich wollte eigentlich nur rasch etwas erledigen.«

Er kommt herein, schiebt das Sofa beiseite und öffnet das Fenster. Er rüttelt an dem Fensterladen und stellt fest, dass er blockiert ist. Also klettert er hoch und tritt mit dem Bein heftig dagegen. Da gibt der Fensterladen endlich nach.

An diesem Tag ist wunderschönes Wetter. Das Sonnenlicht durchflutet das Wohnzimmer. Ich bin sprachlos. Er sagt zu mir: »Jetzt brauchst du nie wieder im Dunkeln zu sitzen!«

Ich habe meine Fensterläden danach gar nicht mehr geschlossen. Dieses Licht hat wirklich einen tiefen Eindruck bei mir hinterlassen. Es war wie ein kleines Wunder … Endlich schien die Sonne in unserem Haus.

Alle Mitglieder der »Dorfjugend« erweisen sich als sehr freundlich mir gegenüber. So bieten sie mir beispielsweise ihre Hilfe bei den Einkäufen an. Aber ich brauche sie nicht, weil ich niemanden brauche. Dennoch ist es schön für mich, eine solche Unterstützung zu spüren.

Ich fühle mich so unbeschwert wie schon lange nicht mehr.

Yassine ruft zwei- oder dreimal pro Woche aus dem Gefängnis an. Er will mit seinem Sohn sprechen, aber er findet immer einen Weg, um mir heimlich ein paar Worte zuzuflüstern. Und sehr schnell ist es so weit, dass es mich stresst, wenn sein Anruf ausbleibt. Ich habe Angst, es könnte ihm etwas zugestoßen sein. Er könnte eine Dummheit begangen haben. Es gelingt mir nicht, solche Gedanken zu verbannen. Ich stehe immer noch unter seinem Einfluss. Es ist verrückt, dass ich mich so um ihn sorge, aber verhindern kann ich es nicht. Ich sage mir, dass es vermutlich wegen Bilal so ist, weil es schließlich um seinen Vater geht. Aber so einfach ist die Sache nicht. Im Grunde fühle ich mich beinahe verantwortlich für alles, was er jetzt durchmacht. Er hat mir immer wieder und mit allem Nachruck eingetrichtert, es sei mein Fehler, dass er so außer sich gerate und gezwungen sei, mich zu schlagen: Diese Gehirnwäsche hat ihre Spuren hinterlassen. Wenn er sich umbringt, werde ich daran schuld sein. Gleiches gilt für die Gefahr, dass man ihm im Gefängnis etwas antut.

Im Allgemeinen freut man sich in meinem Umfeld für mich, und die Kontakte zu meinen Bekannten entspannen sich.

Zwei Wochen nach Yassines Inhaftierung geschieht in der unmittelbaren Nachbarschaft dann ein furchtbares Verbrechen. Eine junge Frau wird vor den Augen ihres Babys ermordet. Todesursache sind Schläge mit einem Baseballschläger. Am Tag, als das Verbrechen bekannt wird, erhalte ich viele Anrufe. Die Beschreibung der jungen Frau passt auch auf mich, und viele Leute, die noch nicht wissen, dass Yassine schon im Gefängnis sitzt, geraten in Panik. Dies setzt ein weiteres Mal höchst seltsame Überlegungen bei mir in Gang. Alle sind offenbar wirklich davon überzeugt, dass Yassine zu einer solchen Tat fähig ist. Und alle wissen offenbar auch, dass er mich schlägt. Diese Gedanken bringen mich in der Einschätzung meiner Lage wieder einen Schritt voran. Und viele weitere Schritte werden noch folgen müssen …

Es geraten sogar Gerüchte in Umlauf, dass er der Täter sei und nun deshalb im Gefängnis sitze. In der Vorschule wird Bilal zur Zielscheibe für den Spott und die Beleidigungen mancher Kinder. Die Erzieherin sieht sich gezwungen, die Dinge mit den Eltern zu klären, damit dies wieder aufhört.

Es ist eine sehr schwierige Zeit für Bilal. Aber ich sehe auch, wie er sich von Tag zu Tag entwickelt. Er, der praktisch nie sprach, hat diese Blockade innerhalb von zwei Wochen überwunden. Als er in die erste Klasse der Vorschule aufgenommen wurde, konnte ihn fast niemand verstehen. Und jetzt holt er in nur zwei Wochen seine Freunde ein. Wenn ich auch manchmal ins Grübeln gerate und mich frage, ob ich alles richtig gemacht habe, so gibt Bilal mir eine klare Antwort.

Yassine schreibt nun Briefe. Alle haben den gleichen Tenor: Er bitte mich um Verzeihung, er hadere sehr mit sich. Natürlich weiß er, dass die Gefängnisverwaltung die Briefe prüft. Er schickt Zeichnungen für seinen Sohn und bastelt ihm kleine Spiele. Oft sind diese absolut unpassend für Bilals Alter. Als könnte Bilal nummerierte Punkte miteinander verbinden, wo er doch in der ersten Vorschulklasse ist und Zahlen überhaupt noch nicht lesen kann.

Mir schickt er endlose Erklärungen. Versprechungen, dass er sich anständig verhalten werde. Höchst seltsam mutet es an, dass einige tatsächlich mit »Mama« beginnen …

All seine Briefe ähneln sich. Er gibt seine Taten zu, beteuert die Liebe zu seinem Sohn, betont, dass er auch mich liebe und dass er, wenn ich damit einverstanden sei, gerne wieder mit mir zusammenleben werde. Er versichert mir aber auch, dass er mich in Ruhe lassen werde, wenn es nicht dazu kommen sollte.

Im Gefängnis muss Yassine sich einer Therapie unterziehen. Ist das der Grund für seine Ausdrucksweise? Findet er deshalb all diese Worte für seine Beteuerungen? Ich gestehe, dass es mir schwerfällt, diesem Wortschwall auch nur den geringsten Glauben zu schenken.

Seine Briefe sind schwer zu lesen. Wegen seiner sehr kleinen Schrift, aber auch, weil er die gleichen Dinge in einer Endlosschleife wiederholt. Wie eine Art Litanei. Er schwafelt mich voll – wie zuvor auch am Telefon und wie früher bei seinen endlosen Vorwürfen. Er gibt zu, dass er an allem schuld sei, fordert, dass ich ihm verzeihen müsse, beteuert, dass er nur das Beste für seinen Sohn wolle. Und für mich.

Ich habe den Eindruck, dass er immer noch versucht, die Gehirnwäsche bei mir fortzusetzen. Aber ich spüre nun ein lebensnotwendiges Bedürfnis nach Ruhe. Ich brauche das Gefühl, mich in Sicherheit zu wissen. Ich möchte nicht mehr zittern, sobald ich ein Geräusch höre, ich möchte meine innere Ruhe wiederfinden. Jede neue Nachricht von ihm gleicht einer Auffrischungsimpfung. Er lässt mich nicht los.

Es ist doch verrückt, dass ich mir nach allem, was er mir angetan hat, Sorgen darum mache, was ihm im Gefängnis zustoßen könnte. Gerade so, als wäre ich verantwortlich für sein Leben. Als wäre er ohne mich verloren. Da er immer bei mir geblieben ist und mich nie betrogen hat, frage ich mich allen Ernstes, ob das nicht bedeutet, dass er mich liebt? Aber warum schlägt er mich denn dann? Das ist mir zu hoch. Trotz der regelmäßigen Termine bei meiner Psychologin fällt es mir immer noch schwer, die Gedankenflut in meinem Kopf zu sortieren. Es fällt mir immer noch schwer, mich von dieser Beziehung zu lösen. Es fällt mir schwer, weil er mich immer noch in seinen Fängen hat – das wird mir erst später klar werden. Er hat mich so viele Jahre erniedrigt, gedemütigt und mich gezwungen, Inakzeptables zu akzeptieren, dass ich mein kritisches Denkvermögen zum großen Teil verloren habe. Ebenso wie meine Freiheit. Es wird lange dauern, bis ich diesen Zustand benennen kann: unter Einfluss stehen. Und noch länger wird es dauern, bis ich nach und nach entwirre, was mich daran hindert, meine Ketten zu sprengen.

Auch wenn während dieser Monate der Druck nachlässt, kommt mir immer wieder der Gedanke, dass er aus dem Gefängnis fliehen könnte. Das hat er bereits einmal getan, als er sich in Polizeigewahrsam befand. Dabei benutzte er einen ganz einfachen Trick: Er gab vor, krank zu sein, um ins Krankenhaus gebracht zu werden. In der Notaufnahme wartete er, bis die Polizeibeamten einen Kaffee trinken gingen, und da er kerngesund war, machte er sich aus dem Staub. Die Polizeibeamten ließen die Angelegenheit dann fallen. Sie hatten ja ihrerseits auch vorschriftswidrig gehandelt. Er hat das Ganze noch ein andermal versucht, aber in diesem Fall wurden die Sanitäter zu Hilfe gerufen. Da gab er vor, in Ohnmacht zu fallen. Die Sanitäter drückten auf einen bestimmten, schmerzempfindlichen Punkt an der Schulter, und Yassine glaubte, dass sie prüfen wollten, ob er sich nun durch den Schmerz verraten würde. Also rührte er sich nicht. Mit diesem Test wird tatsächlich geprüft, ob jemand simuliert. Aber bei einer echten Ohnmacht kommt es durch den Druck zu einer natürlichen, reflexartigen Bewegung … Das hatte er bei all seinen Lieblingssendungen über Kriminalfälle offenbar noch nicht gelernt!

So kommt es, dass ich beim geringsten Geräusch weiterhin auf der Lauer liege. Man weiß ja nie …

Da Yassine ein vorbildlicher Häftling ist, zeichnet sich für ihn, wie gesagt, ab Juni die Möglichkeit einer vorzeitigen Entlassung ab – mit elektronischer Fußfessel.

Mit triumphierender Miene verkündet er mir diese Neuigkeit.

Zunächst habe ich einfach nur furchtbare Angst. Dann erfasst mich eine ungeheure Wut.

Bis zu diesem Zeitpunkt bin ich sehr sorgsam mit seinem Geld umgegangen, habe alles stets aufgelistet und auch einiges zur Seite gelegt. Aber jetzt überkommt mich Verzweiflung. Ich nehme meinen Sohn, die Bankkarte von Yassine und gehe los, um einzukaufen. Fast alles, was ich erstehe, ist für Bilal: Markenkleidung von Ralph Lauren. Wir plündern das Kaufhaus. Als Yassine das herausbekommt, wird ihn jedoch lediglich eine einzige Ausgabe aus der Haut fahren lassen: sechsundzwanzig Euro für eine Sitzung im Sonnenstudio, das ich besucht habe.

»Du hast dich für einen anderen Mann auf die Sonnenbank gelegt! Du hast keinen Anstand! Du Schlampe, du wirst mir diese sechsundzwanzig Euro zurückbezahlen!«

Letztlich habe ich nur drei Monate Aufschub gehabt. Der Tag, an dem ich erfuhr, dass er unter Auflagen wieder freikommen würde, bedeutete das Ende dieser unbeschwerten Phase. Ich begann, mich zu fragen, wie alles laufen würde, wie er sich verhalten würde. Unruhe und Ungewissheit überfielen mich erneut.

Auch in materieller Hinsicht ist unser Leben in dieser Zeit nicht einfach. Wir haben kein Geld mehr, und eine Arbeit ist auch nicht in Sicht. Ich fühle mich nicht im Entferntesten in der Lage, nach einer Arbeit zu suchen, denn ich muss mich um Bilal kümmern. In meinem abgelegenen Dorf stellen die Wege ein Problem dar: Die Anbindung an öffentliche Verkehrsmittel ist schlecht, und ich werde selbst bei einer Teilzeitbeschäftigung Schwierigkeiten haben, Bilal rechtzeitig von der Vorschule abzuholen. Aber noch immer lasten die Kredite auf mir, diese von ihm unterzeichneten, aber auf meinen Namen laufenden Darlehen. Sie sprengen mein Budget. Wenn ich auch den Eindruck habe, wieder zu Atem gekommen zu sein, so ahne ich doch, dass der Weg zurück in die Normalität lang sein wird.

Während dieser paar Monate habe ich mir nichts aufgebaut. Ich habe mich damit begnügt, wieder zu Atem zu kommen.

Aber immerhin …

28

Engmaschige Überwachung

Meine Ruhephase geht zu Ende, als Yassine aus dem Gefängnis kommt.

Er trägt eine elektronische Fußfessel, und es ist ihm untersagt, sich dem Bezirk unseres Dorfes zu nähern. Aber sehr schnell gelingt es ihm, eine neue Form des Drucks aufzubauen. Ich kann nicht die geringste Bewegung machen, ohne dass er davon weiß. Er hat ein Netz von Informanten um sich herum geschart, das ihn über jedes Detail auf dem Laufenden hält. Es fängt mit ganz »harmlosen« Dingen an.

Eines Abends habe ich gerade das Licht ausgemacht, um schlafen zu gehen, als mein Telefon klingelt. Es ist Yassine.

»Wie, du machst schon das Licht aus? Bist du so müde?«

Ich bin sprachlos. Angst überfällt mich. Er ist unten. So muss es sein. Aber es ist doch nicht möglich: Er trägt noch immer seine Fußfessel und lebt im Bezirk Seine-et-Marne. Nachts muss er sich an der Adresse aufhalten, die er angegeben hat. Während ich diese Überlegungen anstelle, spüre ich mein Herz bis zum Halse schlagen.

Yassine bricht in Lachen aus. Er ist zufrieden mit sich.

Ein anderes Mal schickt er mir eine SMS, um mir mitzuteilen:

»Was ist los, wartest du auf den Bus?« Da stand ich erst zwei Sekunden an der Haltestelle …

Diese engmaschige Überwachung macht mich mürbe. Er schafft es, mich in einer ständigen Anspannung zu halten. Anstatt ruhig zu sein, weil ich weiß, dass er in einen anderen Bezirk verbannt ist, packt mich erneut die Angst. Und sie weicht nicht mehr von mir. Jeden Tag hat er etwas Neues auf Lager.

Die jungen Typen aus dem Dorf lassen sich darauf ein, mich zu überwachen und ihn auf dem Laufenden zu halten. Aber warum spielen sie dieses Spiel mit? Zunächst einmal haben sie Angst vor Yassine. Sie haben eine Heidenangst, weil Yassine ein Verrückter ist. Das ist schließlich kein Geheimnis. Er ist zu allem in der Lage. Es trifft mich jedoch sehr, dass sie vergessen, was ich für sie getan habe. Aber sie sehen lieber weg und lassen mich im Stich, da sie ihrerseits Vergeltung fürchten.

An einen von ihnen erinnere ich mich ganz besonders, denn ihm habe ich das Leben gerettet. Er schuldete Yassine noch Geld, war aber außerstande, es ihm zurückzuzahlen. Yassine war mit seiner Geduld rasch am Ende. Der Bursche war schließlich den Tränen nahe. Er wusste, dass Gefahr im Verzug war, dass Yassine ihn erledigen würde. Er tat mir so leid, dass ich einen Plan mit ihm ausheckte: Am Tag, als er bei Yassine vorstellig werden sollte, würde ich es so einrichten, dass ich selbst ihm die Tür öffnete. So würde ich ihm das Geld heimlich zustecken können. Unser Trick klappte wunderbar. Yassine beruhigte sich wieder, und der andere kam davon, ohne etwas »einstecken« zu müssen. Später gab er mir dann die gesamte Summe zurück … Aber heute sieht es so aus, als würde er sich an nichts erinnern.

Ich lerne auch, dass bei Yassine das Geld locker sitzt. Wenn man nicht viel Anstand hat, ist man auf schnellen Gewinn aus und wirft diesen auch rasch wieder zum Fenster hinaus.

Trotz dieser Repressalien bemühe ich mich weiterhin sehr, dass Bilal seinen Vater sehen kann. Dankbarkeit für mein Entgegenkommen zeigt Yassine nicht. Er unternimmt seinerseits keinerlei Anstrengung, dass diese Begegnungen gut verlaufen. Da durch Bilal ein unauflösbares Band zwischen uns besteht, hat Yassine die Gewissheit, dass der Kontakt zu mir nicht abreißen wird. Außerdem versteht er es, meine Mutterliebe auszunutzen.

Im Oktober 2012 bittet er mich, unseren Sohn zu ihm zu bringen, das heißt, in die Wohnung eines Freundes im Osten von Paris, wo er Unterschlupf gefunden hat. Da er noch immer seine elektronische Fußfessel trägt, denke ich, dass schon alles gut gehen, dass er nichts riskieren wird. Ich gehe also auf seinen Vorschlag ein.

Zu diesem Zeitpunkt haben wir noch nicht beim Familienrichter vorgesprochen. Yassine nervt mich ständig damit, dass wir Abstand von diesem Schritt nehmen sollten. Und ich gebe meinerseits nicht alle Hoffnung auf, dass wir in ruhigeres Fahrwasser gelangen könnten. Ich wünsche mir einfach nur eine friedliche Trennung und einen normalen Umgangston mit ihm. Schon wegen Bilal. So sehen meine Gedanken aus, als ich darauf eingehe, ihn in dieser Wohnung zu treffen. Aber – wie könnte es bei Yassine auch anders sein – verkehrt er den Hoffnungsschimmer ins Gegenteil.

Kaum habe ich die Wohnung betreten, schließt er die Tür zweimal ab und steckt den Schlüssel in die Hosentasche. Er hat alles genau geplant, denn sein Kumpel, der ihn bei sich aufgenommen hat, ist an diesem Wochenende nicht da.

»Ich lasse dich erst morgen früh wieder gehen. Ich will, dass du den Abend und die Nacht mit mir verbringst!«

Es steht außer Frage, dass ich die direkte Konfrontation mit ihm suche. Allein schon wegen Bilal, der uns hört. Ich beschließe, lieber zunächst einmal in Deckung zu gehen und stillzuhalten, bis er sich beruhigt hat.

Und ich muss wortwörtlich in Deckung gehen …

Den ganzen Abend hält er mir nervtötende Moralpredigten und macht mir endlose Vorwürfe.

Wieder legt er mir dar, dass ich an allem schuld sei.

Dass ich ihn dazu gebracht hätte, so zu handeln, wie er es getan habe.

»Wenn du mich nicht angelogen hättest, wenn du dich mehr bemüht hättest, dann wäre ich nicht so ausgerastet, verstehst du das?!«

Ich weiß nicht, wovon er spricht, und lasse ihn einfach nur weiterreden. Wenn ich antworte, wird alles nur noch schlimmer. Und das Letzte, was ich will, ist, dass er sich aufregt. Ich spüre, wie neben der Angst auch die Erinnerung an den Schmerz wach wird, den Schmerz, die seine Schläge bewirken.

Der Körper hat sein eigenes Gedächtnis.

Yassine beschuldigt schließlich die ganze Welt, für seine Fehltritte verantwortlich zu sein. Die »anderen« sind die Ursache für alles, was in seinem Leben schiefgelaufen ist. Wenn er einen eigenen Fehler zugibt, spricht er sich im nächsten Atemzug gleich wieder frei.

Er möchte, dass wir beide fortgehen, dass wir an einem anderen Ort noch einmal ganz von vorn anfangen. Ein ganz neues Leben …

Wir drehen uns im Kreis, und ich kann irgendwann nicht mehr. Ich bin erschöpft. Ich wünsche mir einfach nur noch, dass er still ist. Yassine hingegen will diese Nacht ausnutzen. Zum Glück hat er mir einmal amüsiert erzählt, dass er sich in den Nachtstunden selbst im Haus nicht überallhin bewegen darf: Bis sieben Uhr morgens müssen seine Bewegungen hinter einer »Demarkationslinie« bleiben, die im Haus selbst verläuft.

So verkrieche ich mich am Ende in den ihm unzugänglichen Bereich. Obwohl ich dort nichts für eine Übernachtung habe, bin ich froh, dass er mir nicht auf den Leib rücken kann. Eine andere Abwehrmöglichkeit bleibt mir nicht.

Um sieben Uhr morgens tönt er: »Es ist so weit, die Freiheit ist da!«

Damit dringt er in das Zimmer ein, in das ich mich flüchtete. Dort habe ich kein Auge zugetan und bin deshalb gewappnet, als er kommt. Es gelingt ihm nicht, mich einzuschüchtern. Und als Bilal aufwacht, beruhigt mich das noch mehr, auch wenn ich seit jenem schrecklichen Sonntag weiß, dass er selbst vor dem Kind nicht mehr davor zurückschreckt, mich zu schlagen. Ich ziehe Bilal rasch an, und er lässt uns ziehen.

Danach geht es weiter wie bisher: Er überwacht mich, ruft mich an, schickt SMS ... Den ganzen Tag über habe ich einen Kloß im Magen.

Leider ist das nur der Anfang.

Die wahre Hölle beginnt, als man ihm die Fußfessel abnimmt. Jetzt gibt es keine Restriktionen und keine Auflagen mehr. Es ist kaum vorstellbar, aber man hat tatsächlich »vergessen«, ihm weiterhin den Zutritt zu unserem Dorf zu untersagen. Diese Bannmeile galt lediglich, solange er die Fußfessel trug. Als mir das bewusst wird, glaube ich zunächst, dass ich mich getäuscht habe. Ich muss etwas versäumt haben. Also suche ich die Sozialarbeiterinnen in der Frauenberatungsstelle auf, die mich sofort beruhigen.

»So läuft das nicht, Morgane … Das kann nicht sein!«

Aber ich hake nach: »Ich bin ganz sicher, dass er da war!«

»Dann werde ich jetzt bei den zuständigen sozialen Diensten anrufen.«

Diese kümmern sich um die Wiedereingliederung und Bewährungshilfe bei straffällig gewordenen Personen, nachdem sie das Gefängnis verlassen haben.

Das Gespräch hat noch nicht einmal zwei Minuten gedauert, da ändert sich der Gesichtsausdruck der Sozialarbeiterin.

Yassine muss sich an keinerlei Verbote mehr halten. Jetzt ist es amtlich.

Seine Fußfessel wurde am 17. November entfernt, und am 18. November tauchte er hier im Dorf in der Bar auf und trank einen Kaffee. Als ich Bilal von der Vorschule abholte und dort vorbeikam, hob er aus der Ferne kurz die Hand, um auf sich aufmerksam zu machen.

Der Albtraum war Wirklichkeit geworden.

Ich brach zusammen. Wieder telefonierte ich mit dem für ihn zuständigen Beamten und erklärte, was ich auf dem Herzen hatte. Einmal mehr sieht es dann allerdings so aus, als sei ich die Verrückte. Als hätte ich meine Nerven nicht im Griff. Damit erweise ich mir keinen guten Dienst. Ich wirke wie eine Hysterikerin, weil ich schlicht und ergreifend erschöpft bin. Am Ende meiner Kräfte. Wieder und weiterhin gefangen im Netz dieses Mannes, der mich nicht freigeben will.

29

Belästigung

Da Yassine sich wieder frei bewegen kann, schaltet er jetzt einen Gang hoch. Natürlich hat er seine Informanten, die ihn über mein Tun und Lassen in Kenntnis setzen, sei es auch noch so belanglos. Eine Wohnung hat er ebenfalls gefunden – in einer Stadt unweit unseres Dorfes. Sobald er hört, dass ich im Bus sitze, um in die Stadt zu fahren, macht er sich dort auf den Weg zum Bahnhof, um mich vor meiner Weiterreise noch auf dem Bahnsteig abzufangen.

»Aha, du fährst also nach Paris?«

»Ich mache, was ich will!«

»Klar doch, aber ich, ich bin auf dem Laufenden …«, prahlt er und hält weiterhin den Druck aufrecht. Offenbar will er, dass ich ihn nicht für einen Augenblick aus dem Kopf bekomme.

Er bombardiert mich weiterhin mit SMS, und zwar in einem Maß, dass ich manchmal überhaupt nicht mehr telefonieren kann. Wie Salven gehen die Nachrichten auf meinem Apparat ein und blockieren ihn regelrecht.

Er weiß, um welche Uhrzeit ich zu Bett gehe, um welche Uhrzeit ich aufstehe, was ich den Tag über tue, wer zu mir kommt … Die Männer, die ich einlade, bedroht er. Das erfahre ich jedoch erst später. Er vergrault jeden und schüchtert alle ein, die mich besuchen möchten. Mit Erfolg: Ich habe zwar ein paar Freunde gefunden, aber sie trauen sich nicht mehr, mich zu besuchen.

Einmal geht einer von ihnen dennoch nicht gleich in die Knie. Es ist ein eher schmächtiger Typ, der zudem noch eine Brille trägt. Yassine erteilt ihm die Anweisung, mich nicht mehr zu treffen. Dieser Freund kam in regelmäßigen Abständen vorbei, um einen Kaffee mit mir zu trinken. Und nun bietet er Yassine tatsächlich die Stirn, was äußerst selten vorkommt.

»Man hat mir gesagt, dass du immer wieder bei Morgane auf einen Kaffee vorbeischaust. Damit ist jetzt Schluss, verstanden?«

»Nein! Morgane ist eine Freundin, und ich trinke einen Kaffee mit ihr, wenn sie das möchte.«

»Was soll das denn heißen: nein? Ich habe gesagt, dass du nicht mehr zu ihr gehst!«

»Nein, ich werde zu ihr gehen, wenn sie es möchte!«

Verblüfft darüber, dass der andere nicht klein beigibt, sucht Yassine das Weite. Es ist eine verrückte Geschichte. Unverzüglich ruft mich dieser Freund mit stolzgeschwellter Brust an und teilt mir mit: »Weißt du was, Morgane? Ich habe ihm widersprochen! Ich habe Yassine widersprochen!«

Was für eine Heldentat.

Fünf Minuten später ruft Yassine mich an.

»Weißt du was? Dein komischer Freund, dieses Opfer mit der Brille, hat mir tatsächlich widersprochen! Der Typ ist ja wohl total bescheuert! Er hat mir widersprochen! Das ist mir noch nie passiert. Ich war so baff, dass ich gar nicht reagieren konnte …«

Ich sage ihm nicht, dass ich bereits Bescheid weiß, sondern frage ihn: »Hast du ihn nicht verprügelt?«

»Äh, nein, er hatte doch eine Brille …«

Mehr fiel ihm dazu nicht ein.

Aber es hinderte ihn nicht daran, ihm auch ohne Prügel das Leben zur Hölle zu machen. Er begann, ihn den ganzen Tag über bei seiner Arbeit anzurufen, um ihn mürbezumachen. Und schon bald gab auch dieser Freund auf. Er besuchte mich nicht länger. Ohne jede Erklärung. Den Grund dafür habe ich erst sehr viel später erfahren.

Auch mit Bilal ist es kompliziert. Vom Familienrichter ist keine Rede mehr. Ich träume noch immer von einer einvernehmlichen Regelung, ohne großes Theater. Aber da habe ich mich geschnitten! Wenn ich abends zur Vorschule gehe, passt mich Yassine oft dort ab. Normalerweise spreche ich nicht mit ihm. Wir gehen bis zur Schule, warten vor dem Tor, und sobald es aufgeht, stürzen wir beide mehr oder weniger um die Wette nach vorn. Es geht darum, als Erster bei Bilal zu sein. Wenn er es ist, dann lasse ich ihn gewähren, da ich kein Aufsehen erregen will. Ich sage dann nur zu Bilal: »Bis gleich, mein Lieber. Du bleibst ein bisschen bei Papa, und er bringt dich nach dem Abendessen nach Hause …«

Mehr will ich nicht dazu sagen, aber Yassine versucht auf dem Weg, die Unterhaltung wieder in Gang zu bringen. Auf dieses Spiel will ich mich nicht einlassen. Es sind immer dieselben Themen, die er anschneidet: »Es ist alles dein Fehler«, und so weiter und so weiter …

Bei diesen Reden schalte ich auf Durchzug. Ich höre nicht zu. Ich gehe meinen Weg. Dennoch zermürben mich diese Situationen, und meine Erschöpfung wächst von Mal zu Mal.

Unmittelbar nach Weihnachten erstatte ich Anzeige.

Ich erkläre, dass ich manchmal fünfzig Anrufe pro Tag erhielte. Ich erzähle auch, dass er meine Mutter belästige, wenn ich bei ihr sei. Yassine weiß ganz genau, dass diese Anrufe nicht statthaft sind. Bei unserem letzten Aufeinandertreffen hat er mich gezwungen, alle SMS zu löschen, die er mir geschickt hatte. Mir blieb keine andere Wahl. Um ihn loszuwerden, habe ich es getan. Auch das steht in meiner Anzeige.

Yassine stellt mir weiter nach. Er lauert vor dem Haus, klingelt an der Tür und erzwingt sich den Zugang zur Wohnung. Er bedient sich am Kühlschrank und verhält sich, als wäre er bei sich zu Hause. Und wieder einmal bin ich wehrlos. Wenn ich ihn auffordere, draußen zu bleiben, antwortet er lediglich: »Mann, du nimmst es aber genau!«

Mit diesen Worten drückt er mich zur Seite.

Wenn ich nicht zu Hause bin, öffnet er die Tür mit seinen »kleinen Helfern«, wie er es nennt, und macht es sich gemütlich, während er auf mich wartet. Bei meiner Rückkehr sitzt er dann bereits auf dem Sofa. Einmal war er sogar gerade auf der Toilette. Ein Albtraum.

Seit seinem Auszug habe ich einige Möbel umgestellt, wodurch die Räume sehr viel besser aussehen. Er ist empört darüber.

»Warum hast du das denn jetzt erst gemacht? Warum bist du nicht früher auf die Idee gekommen?«

»Weil du einfach immer nur böse warst!«

Und wieder geht seine endlose Leier los, diesmal zum Thema »Ich habe mich geändert«. Mich beschleicht instinktiv ein Misstrauen, wenn Leute das Bedürfnis verspüren, dies mit allem Nachdruck für sich zu beanspruchen. Für mich bedeutet es eigentlich genau das Gegenteil.

Er kommt überhaupt nicht mehr weg von diesem Thema.

»Ich schwöre es dir doch, ich bin jetzt viel netter! Ich habe meine Fehler eingesehen …«

Für mich kommt das zu spät. Aber er findet erneut eine Flut an Argumenten.

»Die anderen waren schuld! Sie waren eifersüchtig auf uns. Sie haben uns auseinandergebracht, aber wir werden irgendwo noch einmal ganz von vorn anfangen.«

Ich kann einfach nicht mehr.

Sein Verhalten bringt mich zur Verzweiflung. Aber wie kann ich ihm Einhalt gebieten? Ich gehe immer noch regelmäßig zu der Frauenberatung, die mich unterstützt. Diese Betreuung hilft mir dabei, die ständige Anspannung zu bekämpfen, die Yassine aufbaut. Ich gewinne etwas Abstand zu dem, was um mich herum geschieht. Aber ein schönes Leben ist das nicht. Weder für mich noch für Bilal. Mein Sohn bekommt alles mit. Wenn er von seinem Vater zurückkommt, schlägt er aggressive Töne mir gegenüber an. Auch bei ihm setzt Yassine zu einer Gehirnwäsche an.

Die Verantwortlichen der Beratungsstelle sehen genau, dass die Angst mich zunehmend im Griff hat. Die Situation beunruhigt sie.

Schrecklich ist, dass die Tatsache, Anzeige gegen ihn erstattet zu haben, bei mir Schuldgefühle auslöst. Ich bin erschöpft, aber gleichzeitig verspüre ich tatsächlich immer noch Mitleid mit ihm. Ich sage mir, dass er Ärger haben muss, dass er unglücklich sein muss. Einmal mehr stelle ich meine eigenen Bedürfnisse in den Hintergrund. Ich vergesse alles, was er mir angetan hat und was ich auch jetzt ertragen muss, weil ich mit einem Mal Mitgefühl habe. Umgekehrt hat er noch nie auch nur einen Anflug von Mitgefühl für mich aufgebracht. Und das wiederum weckt meine Wut. Wie eine Welle steigt sie in mir hoch. Ich weiß einfach nicht, was ich tun soll. Ich will schlicht und ergreifend, dass das alles aufhört.

Yassine nimmt Bilal jedes zweite Wochenende zu sich, und auch die Hälfte der Ferien verbringt Bilal bei seinem Vater – so, wie das im Allgemeinen üblich ist. In diesem Punkt haben wir uns geeinigt. Als ich meinen Sohn einmal im Januar bei seinem Vater vorbeibringe, begegnet mir auf dem Weg einer meiner Freunde, der Friseur ist. Er schlägt mir vor, mir einen neuen Haarschnitt zu machen. Ich habe mein Haar immer sehr lang getragen. Als ich noch jünger war, hatte ich sehr schönes, dichtes Haar. Nach all den Schlägen und Misshandlungen von Yassine ist es jetzt aber dünn und matt geworden. Es täte dem Haar gut, einmal geschnitten zu werden. Der Freund greift zur Schere, und zwar gründlich: Am Ende habe ich einen richtigen Kurzhaarschnitt. Aber mein Freund ist sehr zufrieden mit sich. Er findet, dass mir dieser Schnitt prima stehe. Und ich bin glücklich, dass ich mich darauf eingelassen habe. Dass ich mein Aussehen verändert habe. Yassine hingegen schaut ziemlich dumm aus der Wäsche.

»Was soll das denn? Im Ernst? Du schneidest dir die Haare und sprichst vorher nicht mit mir darüber?«

Er ist schockiert, hochgradig alarmiert. Ich habe etwas ohne ihn beschlossen und durchgeführt. Das ist für ihn gewissermaßen der Beweis, dass wir tatsächlich nicht mehr zusammen sind.

»Außerdem siehst du schrecklich aus! Beinahe wie eine Playmobil-Figur!«

Tagelang käut er diese Geschichte am Telefon wieder. Wie hätte ich das nur tun können, ohne ihn zu fragen. »Du siehst schrecklich aus!«

Ende Mai erstatte ich erneut Anzeige. Er traktiert mich pausenlos mit Anrufen. Auch wenn Bilal bei ihm ist. Er will unbedingt wieder ein gemeinsames Leben mit uns beginnen. Bei jedem Kontakt droht er mir, Bilal zu entführen und ihn nach Ägypten mitzunehmen.

Ende Juni erstatte ich dann Anzeige, weil er mich mit dem Tod bedroht hat. Yassine gibt nicht auf. Er setzt seine Belästigungen fort und verschärft sogar den Ton. »Ich werde dich ficken, ich werde dich umlegen, du wirst den Kleinen nie wiedersehen, ich werde dir das Leben zur Hölle machen …« All seine Sprüche gebe ich in meiner Anzeige zu Protokoll.

Ich bin mit den Nerven am Ende.

Yassine seinerseits treibt sein doppeltes Spiel weiter. Jetzt setzt er alles daran, den guten Vater zu mimen. Er beschließt, dass wir uns von jetzt an die Fürsorge in vollem Umfang teilen. Eine Woche ist Bilal bei ihm, eine Woche bei mir. Ich habe keine Kraft mehr, um mich ihm zu widersetzen. Tief in meinem Innern weiß ich aber, dass das nicht lange gut gehen wird.

Die erste Woche verläuft ohne Zwischenfall. Die Mutter eines anderen Kindes, mit der ich befreundet bin, erzählt mir: »Er steht jeden Morgen pünktlich um 8 Uhr 20 mit Bilal vor der Schule. Der Kleine ist schön herausgeputzt. Sauber und ordentlich gekämmt. Ehrlich, das macht einen guten Eindruck!«

An einem Tag hat Yassine der Erzieherin sogar Kirschen mitgebracht. Alles nur, um gut angesehen zu sein …

Dann kommt Bilal wieder eine Woche zu mir nach Hause. Jetzt bekomme ich die Lobreden der anderen Mütter zu hören, die Yassine einfach toll finden. Nett, höflich. Er hat vor ihnen sein übliches Schauspiel abgezogen.

In der letzten Woche vor den Sommerferien ist Bilal wieder bei seinem Vater. Diesmal läuft genau das Gegenteil ab. Bilal wird jeden Tag verspätet gebracht, hat noch Knitterspuren vom Kopfkissen auf der Wange. Er ist ungewaschen und nicht gekämmt … Am Freitag hat Yassine vergessen, ihn abzuholen. Die Direktorin ruft mich an, und ich laufe eilig zur Schule. Zum Glück hatte ich mir in weiser Voraussicht den Nachmittag freigehalten. Yassine, den man ebenfalls informiert hatte, wird erst ein paar Stunden später auftauchen …

Natürlich werden sich alle nur an die Woche erinnern, in der es keine Probleme gab. Jetzt haben alle
schon die Ferien im Kopf, und niemand hat bemerkt,
dass er nicht kam, um seinen Sohn in Empfang zu nehmen.

Bilal jedoch hat deswegen sehr geweint.

30

Mein Leben hinter mir lassen

Ein Anruf. Ein bloßer Telefonanruf gab den Ausschlag. Yassine hat meine beste Freundin Nathalie angerufen ...

Während ich mit Yassine zusammen war, habe ich Nathalie aus den Augen verloren, aber als er im Gefängnis war, habe ich wieder Kontakt zu ihr aufgenommen. Er war ihr nie begegnet, wusste jedoch, dass wir sehr eng miteinander befreundet waren. Er hatte alles getan, um uns auseinanderzubringen, so, wie er es auch bei meinen anderen Freunden tat. Langsam und beinahe hinterhältig. Immer wieder hatte er sie kritisiert, hatte verboten, dass sie zu uns kamen, und dafür gesorgt, dass seine eigenen Freunde ständig da waren und das Terrain für sich beanspruchten. Ich sah mich isoliert, hatte niemanden mehr, dem ich mein Herz hätte ausschütten können. Dem ich von meinen Problemen hätte erzählen können. Mit dem ich alles hätte teilen können, was ich durchmachte. Als ich den Kontakt zu Nathalie wieder aufnahm, bedeutete das ein echtes Glück für mich. Die Tatsache, dass sie Yassine nicht kannte, beruhigte mich. So konnte ich sicher sein, dass sie nicht mit ihm sprechen und ihm womöglich doch irgendetwas Vertrauliches mitteilen würde. Ich fasste also Vertrauen, und die offenen Gespräche mit ihr taten mir unendlich gut.

An einem Dienstag erhalte ich einen Anruf von Nathalie.

»Morgane, stell dir vor, Yassine hat meine Nummer. Er hat mich angerufen …«

Nathalie ist noch vollkommen durch den Wind. Viel gesagt hat er nicht – gerade so, als ginge es ihm lediglich darum, den Kontakt herzustellen.

Er wird mich niemals in Ruhe lassen. Er wird mir das Leben bis ans Ende meiner Tage zur Hölle machen. Er ist überall!

Dieser Anruf bringt das Fass zum Überlaufen. Mit einem Schlag drängt alles an die Oberfläche zurück. Eine ungeheure Welle der Wut erfasst mich. Ich will, dass er für alles bezahlt. Ich will, dass er so leidet, wie er mich hat leiden lassen.

Ein paar Jahre zuvor hatte Yassine, der ein Waffennarr ist, mir eine Pistole mit Hartgummigeschoss-Kugeln geschenkt. Diese schnappe ich mir jetzt und mache mich auf die Suche nach ihm. Eine andere Möglichkeit sehe ich nicht mehr. Mir ist alles egal. Ich fühle mich wie eine zum Tode Verurteilte, die nichts mehr zu verlieren hat. Jetzt, wo es mir endlich gelungen ist, mich zumindest teilweise seinem Einfluss zu entziehen, sehe ich ihn als das, was er ist: ein Psychopath, der mich niemals in Ruhe lassen wird. Bei ihm gilt das Gesetz des Stärkeren. Es gewinnt, wer als Erster zuschlägt.

Das beherrscht er meisterhaft, aber jetzt werde ich ihm genau darin eine Lektion erteilen. Damit er endlich kapiert, was er eigentlich treibt.

Mit der Pistole in der Tasche mache ich mich auf den Weg zu ihm. Ich habe nicht die Absicht, ihn zu töten, aber ich will ihm wehtun. Sehr wehtun. Ich weiß, dass seine Knie nicht stabil sind, auf sie werde ich zielen. Wenn er sich nicht mehr bewegen kann, wird er mich auch nicht mehr zu Hause belästigen können. Ich werde keine Angst mehr haben, wenn ich heimkomme. In der letzten Zeit hat er sich angewöhnt, sein Auto vor meiner Wohnung zu parken, in der Straße herumzulungern und andauernd nach mir zu rufen.

Als ich das Haus erreicht habe, in dem er wohnt, rufe ich:

»Yassine, du Dreckskerl, komm runter!«

Um ehrlich zu sein, ich schreie, und in meiner Stimme liegt meine ganze Wut. Schon liegen die Nachbarn in den Fenstern. Yassine ist offensichtlich nicht in der Wohnung. Ich tobe noch ein paar Minuten weiter.

Plötzlich klingelt mein Telefon. Es ist Yassine.

»Du suchst mich also? Du willst mich umlegen? Hör zu, ich bin nicht da, und ich komme auch nicht zurück. Du musst dich erst einmal beruhigen. Jetzt bist du viel zu aufgeregt. Also, bis heute Abend dann! Küsschen!«

Sein spöttischer Tonfall gibt mir den Rest. Jetzt bin ich so weit, dass ich diese ganze in mir brodelnde Gewalt gegen mich selbst kehren will. Ich kann nicht mehr, ich will sterben. Ich glaube wirklich, dass ich verrückt werde, dass es keinen Ausweg gibt. Reflexartig rufe ich die Frauenberatung an. Es geht ums bloße Überleben. Die Sozialarbeiterin nimmt sich viel Zeit und redet sehr lange mit mir.

Ich bin fix und fertig. Ich schildere ihr die Situation, in der ich mich gerade befinde. Sie hat mir schon gesagt, dass sie seit Langem um mein Leben fürchte. Sie hat gesehen, was Yassine mir alles antut. Sie weiß, wie weit er gehen kann.

Nachdem sie mich an diesem Tag wieder ein wenig zur Vernunft gebracht hat, wird sie sehr ernst.

»Ich würde Sie gerne schützen, Morgane. Sie müssen fortgehen …«

Ich verstehe sie nicht sofort. Fortgehen? Wohin denn? Wie?

Sie erklärt mir, dass es Programme gibt, um extrem gefährdete Frauen in Sicherheit zu bringen – an geheime Orte, an denen die gewalttätigen Partner sie nicht aufspüren können. Aber dazu muss absolutes Stillschweigen gewahrt werden. Es darf niemand davon in Kenntnis gesetzt werden, und der Aufbruch muss von heute auf morgen geschehen.

Diese Ausführungen lösen einen Schock bei mir aus.

Fortgehen? Fliehen? Alles hinter mir lassen? Soll wieder ich diejenige sein, die bestraft wird?

Ich brauche Zeit, um diesen Vorschlag tatsächlich aufzunehmen. Um darüber nachzudenken. Im Augenblick kann ich überhaupt keinen klaren Gedanken fassen.

Sie erklärt mir auch noch, dass mein Vorgehen – und der Zustand, in dem ich mich gemeldet hätte – sie in höchstem Maße beunruhige. Ich müsse es schaffen, mich vollkommen dem Einfluss Yassines zu entziehen. Und das könne mir nicht in seinem Dunstkreis gelingen, da er nicht damit aufhöre, mich zu belästigen.

Ich solle unbedingt darüber nachdenken und den Vorschlag akzeptieren.

Diese Geschehnisse wühlen mich furchtbar auf. Alles, was ich Schritt für Schritt mit viel Mühe wieder aufgebaut habe, stürzt in sich zusammen. Die Wut hat einen ganz anderen Menschen aus mir gemacht. Sie treibt mich zu Handlungsweisen, die zuvor außerhalb meines Vorstellungsvermögens lagen. Ich bin durcheinander, und wieder einmal sage ich mir, dass ich niemals aus diesem Teufelskreis ausbrechen werde.

Mein Leben ist ruiniert, vorbei, unwiederbringlich zerstört.

Wieder bin ich ganz unten angekommen.

Am Montag vor den Ferien klingelt es gegen Mittag an meiner Tür. Ich bin unvorsichtig. Es ist Yassine. Ich versuche, sie wieder zu schließen, aber schon hat er seinen Fuß dazwischengebracht, stößt mich zurück und dringt mit Gewalt in die Wohnung ein. Er beginnt, sich über das Gefängnis zu beklagen. Er nimmt es mir übel, ihn dorthin gebracht zu haben. Er erzählt mir, wie unglaublich hart das für ihn gewesen sei. Selbstverständlich kann er nicht begreifen, dass es seine eigenen Missetaten waren, die ihn hinter Gitter brachten. Nicht ich … Er wünscht sich, dass wir wieder zusammenkommen. Immer die gleiche Leier. Ich weise ihn natürlich zurück.

Da rastet er aus.

Da ich ihm den Rücken zukehre, packt er mich von hinten am Hals und würgt mich. Dann wirft er mich aufs Sofa und schlägt mich. Meine Lippe platzt auf, während ich ihn anschreie, er solle meine Wohnung verlassen. Erst tut er so, als würde er noch einmal anfangen, mich zu schlagen, dann dreht er sich plötzlich um und verschwindet. Ich stürze ihm hinterher, um die Tür abzuschließen, und breche zusammen.

Die Sozialarbeiterin hat recht. Irgendwann wird er mich umbringen. Ich habe eigentlich keine Wahl. Ich muss fort von hier. Das wird mir in diesem Augenblick in aller Deutlichkeit klar. Ich muss mein Leben retten, indem ich fliehe. Ganz gleich, was ich hier opfere. Alles ist besser, als das Leben zu verlieren. Der Schmerz ist jetzt wieder da und mit ihm die Erinnerungen an alle früheren Schläge. An all die Misshandlungen, bei denen ich vor Schmerzen zu sterben glaubte. Bei denen ich größte Mühe hatte, mich auf den Beinen zu halten. All das überschwemmt mich mit einer riesigen Welle aus Schmerz und Wut.

Jetzt schreite ich zur Tat. Als Erstes begebe ich mich zu meiner Ärztin, um meine Misshandlungen protokollieren zu lassen. Sie erstellt mir ein ärztliches Attest. Dann rufe ich die Frauenberatung an, deren Sozialarbeiterinnen sofort die entsprechenden Maßnahmen einleiten wollen. Das Problem ist, dass Bilal sich bei seinem Vater befindet. Er wird diese und auch die darauffolgende Woche bei ihm sein. Wenn ich jetzt darum bitte, ihn abholen zu dürfen, löse ich einen weiteren Streit aus. Also belasse ich es dabei, meine Abreise vorzubereiten, und beherrsche mich mühsam. Ich erstatte im Augenblick auch noch keine Anzeige, um seine Gewalttätigkeit nicht erneut anzufachen.

Wenn ich an diese Tage denke, so kommt es mir vor, als hätte ich mich wie in einer Art Nebel vorwärtsgetastet. Ich überlege, was ich mitnehmen muss — letztlich kaum etwas, da ich mit dem Zug reisen und meinen Sohn bei mir haben werde. Aber ich möchte das Hab und Gut, das ich zurücklasse, gerne in Sicherheit bringen. Vielleicht kann ich irgendwann wieder ein normales Leben führen, und dann kann ich alles gut gebrauchen.

Ich treffe die Vorbereitungen mit der größtmöglichen Diskretion. Niemand weiß etwas von dem Plan. Zumindest im Augenblick nicht … Die gepackten Kartons lagere ich oben im Schlafzimmer, damit niemand sie zu Gesicht bekommt. Ich behalte die Matratzen, Wäsche, meinen Kühlschrank und meine Waschmaschine.

Ich habe einen Ort gefunden, an dem ich diese Gerät-
schaften lagern kann, und mein Bruder hilft mir, sie
dorthin zu bringen.

In einer Nacht- und Nebelaktion schreiten wir zur
Tat, denn in unserem Dorf kennt jeder jeden. Sofort
denke ich wieder an die Informanten von Yassine. Deshalb parken wir einen Lieferwagen unmittelbar vor
dem Haus, und innerhalb von fünfzehn Minuten ist
der Wagen mit allem bepackt.

Abgesehen von diesen Aktivitäten, achte ich sehr
darauf, ein normales Leben zu führen. Ich wechsle ein
paar Worte mit den Händlern, ich treffe mich mit
Freunden aus dem Dorf. Bis zum letzten Tag. Ich muss
Bilal am Sonntag abholen, und am Samstag tauchen
noch einmal einige Burschen der »Dorfjugend« bei mir
auf. Sie stellen fest, dass in der Wohnung nichts Merkwürdiges vonstattengeht, und werden einen entsprechenden Bericht abliefern. Am Kiosk verabschiede ich
mich mit dem üblichen »Bis morgen!«.

Als wir die Uhrzeit ausmachen, zu der ich Bilal bei
ihm abholen soll, verlangt Yassine, dass ich noch mit
ihm frühstücke, bevor er mir meinen Sohn überlässt.
Ich bin bei meiner Mutter, als ich diesen Anruf erhalte.
Mama flüstert mir zu, dass sie mich begleiten werde.
Ich teile es Yassine mit. Er mault etwas, aber akzeptiert
es.

Wir setzen uns in ein Café bei ihm in der Nähe. Die
Stimmung ist seltsam. Ich habe den Eindruck, dass er

etwas ahnt. Irgendwann knurrt er: »Morgane, ich weiß nicht, warum, aber ich spüre, dass du mir eins auswischst. Schwöre bei allem, was dir heilig ist, du haust doch nicht etwa ab, oder?«

Ich versuche, ein ahnungsloses, fröhliches Gesicht aufzusetzen und natürlich zu bleiben.

»Nein, wo soll ich denn schon hin?«

Innerlich erbebe ich. Ich bin wie ein offenes Buch für ihn. Er weiß genau, wie ich ticke. Sein sechster Sinn trügt ihn nie.

Auch als er uns schließlich am Busbahnhof absetzt, hat sich sein Verdacht noch nicht gelegt. Aber er hält uns nicht zurück. Meine Nerven sind bis zum Zerreißen gespannt. Ich verspüre zwar eine ungeheure Erleichterung, dass ich meinen Sohn bei mir habe, bin aber zugleich hochgradig nervös angesichts dieses Sprungs ins Ungewisse.

Der Aufbruch ist für den nächsten Morgen vorgesehen. Niemand außer mir weiß, wohin der Bus fährt. Aber der Zielbahnhof wird noch nicht unser Zielort sein. Dort wird uns jemand abholen, um uns zu unserem Versteck zu bringen. Und diesen Ort kenne nicht einmal ich.

Ich verbringe eine letzte Nacht bei meiner Mutter. Ich spreche ein letztes Mal mit meinen Freunden. Morgen werde ich mein Telefon abmelden. Und ich werde meinen (Facebook-)Account löschen.

Niemand wird mehr etwas von mir hören.

31

Doppelt bestraft

Der Bahnhof einer Stadt in Zentralfrankreich.

Eine Sozialarbeiterin erwartet mich.

Wir fahren mit dem Auto in eine andere Stadt und dort zu einer Wohnung, die als Unterschlupf für Frauen wie mich dient. Für Frauen, die Schutz benötigen. Die Adresse ist geheim. Sie darf an niemanden weitergegeben werden. Auch Besuch darf man hier nicht empfangen.

Diese Wohnung hat mehrere Zimmer und zwei Gemeinschaftsräume: ein Wohnzimmer und ein Esszimmer. Jede Frau hat ihr eigenes Zimmer, das sie gegebenenfalls mit ihren Kindern teilt. Das Zimmer von Bilal und mir ist länglich. Es gibt ein Etagenbett, ein Regal und einen kleinen Tisch. Das Fenster geht zur Straße hinaus, aber es ist nicht ratsam, viel Zeit am Fenster zu verbringen. Man weiß nie, ob uns nicht jemand sieht …

In den ersten Tagen stehe ich noch unter Schock. Die sogenannte Schockstarre, wie es in einem Bericht der Psychologen heißt. Die Sozialarbeiterinnen begleiten mich gleich zu Anfang zur Polizeiwache, damit ich Anzeige erstatte.

Und dann unternehme ich gemeinsam mit Bilal die ersten Schritte, um in meinem neuen Leben Fuß zu fassen. Wir schließen Bekanntschaft mit den anderen Bewohnerinnen in unserer Unterkunft. Jede dieser Frauen hat eine ähnlich schreckliche Geschichte durchlebt wie ich. Das verbindet uns, und wir tauschen uns aus. Diese Gespräche geben uns allen Halt, und sie dienen zugleich als eine Art Spiegel, in dem jede neue Geschichte uns wieder die Gewalt vor Augen führt, die wir selbst erduldet haben.

Anfangs wage ich es nicht, die Wohnung zu verlassen. Ich habe immerzu Angst. Auf den Wegen, die unvermeidlich sind, benötige ich jedes Mal eine Begleitung. Morgens und abends rufen mich die Sozialarbeiterinnen an, um sicher zu sein, dass alles in Ordnung ist. Mein Zimmer wird meine Welt, mein Kokon. Hier fühle ich mich wohl und sicher. Nach einer Weile ermutigen mich die Sozialarbeiterinnen, mich allein nach draußen zu wagen oder mit Bilal im Park spazieren zu gehen.

»Entspannen Sie sich. Niemand weiß, wo Sie sich versteckt halten. Solange er nicht erfährt, dass Sie hier sein könnten …«

Es stimmt, niemand weiß irgendetwas. Ich habe einzig und allein mit meiner Mutter telefoniert, von einem Festnetzapparat mit unterdrückter Nummer. Sie sollte sich schließlich keine Sorgen machen. Als meine offizielle Adresse wird eine andere Stadt angegeben, wo ein Verein zur Verhütung und Bekämpfung häuslicher Gewalt sein Büro hat. So lässt meine Anspannung tatsächlich langsam nach. Allmählich gehe ich auch aus dem Haus und entdecke die Stadt. Es ist eine kleine ruhige Stadt in der Provinz.

Zwei Wochen nach Ferienende ist es auf einen Schlag mit der wiedergewonnenen Ruhe vorbei.

Yassine hat uns aufgespürt.

Als Bilal in die Schule aufgenommen wurde, wusste die Direktorin bereits über unsere Situation Bescheid. Alle in der Wohnung untergebrachten Kinder wurden auf ihre Schule geschickt, sodass es nichts Neues für sie war, uns in Empfang zu nehmen. Auch die Klassenlehrerin von Bilal wurde informiert. Man reichte ein Foto von Yassine herum, für den Fall, dass …

Und eines Tages, als die Kinder gerade in den Bus steigen wollen, um in die in einer anderen Schule liegende Kantine gefahren zu werden, glaubt eine der Begleitpersonen, Yassine erkannt zu haben. Sie sagt zunächst nichts, da sie sich ganz sicher sein will. Sie merkt sich, wie er gekleidet ist, insbesondere sein sehr auffälliges T-Shirt. Als die Kinder am Zielort den Bus verlassen, sieht diese Frau, dass Yassine ihnen gefolgt ist. Er postiert sich vor dem Tor und behält Bilal im Auge. Die Frau bekommt Angst und fragt Bilal schließlich: »Ist der Mann dort hinten dein Papa?«

Als Bilal Yassine entdeckt, rennt er sofort los und flüchtet sich ins Schulgebäude. Die Frau schlägt Alarm, und die Erwachsenen bringen die Kinder in die Kantine zurück. Nun macht Yassine kehrt und steigt wieder in sein Auto. Es ist ihm klar, dass man auf ihn aufmerksam geworden ist. Und er weiß ganz genau, dass er nicht das Recht hat, hier zu sein.

Als ich von der aufmerksamen Begleitung erfahre, was sich zugetragen hat, bitte ich diese Frau, eine Aussage bei der Polizei zu machen. Aber sie lehnt mein Ansinnen ab. Ihre Rechtfertigung lautet: »Dieser Mann hat mir unglaubliche Angst eingejagt. Seinen Blick werde ich niemals vergessen. Ich dachte wirklich, dass er auf den Kleinen losgehen und ihn entführen würde.«

Da niemand zu bestätigen wagt, dass es sich tatsächlich um Yassine handelte, wird der Vorfall zu den Akten gelegt. Für mich jedoch bedeutet er, dass alles zu Ende ist, dass mir wieder nur eine vorübergehende Verschnaufpause gegönnt war.

Es drängt sich nun die Frage auf, wie er das geschafft hat. Er hat schlicht und ergreifend alle Schulbehörden angerufen und nach seinem Sohn gefragt. Als er schließlich mit der Behörde telefonierte, die für unsere Stadt zuständig ist, und wissen wollte, ob sein Sohn im dortigen Schülerverzeichnis auftauche, nannte ihm eine Sekretärin, ohne zu zögern, die Schule, die Bilal besuchte. Und schon war es vorbei mit der Geheimhaltung des Schutzprogramms für »akut gefährdete« Frauen – wie die offizielle Bezeichnung lautet.

Habe ich gerade angefangen, mein Stresslevel erfolgreich zu bekämpfen und abzusenken, so schnellt es jetzt wieder in die Höhe. Meine Psychologin hat in einem Bericht festgehalten, dass bei mir eine posttraumatische Belastungsstörung vorliegt. Die fehlgeschlagene Geheimhaltung gleicht in meinem Fall einem Damoklesschwert, das über mir hängt und mich jederzeit vernichten kann. In Anbetracht dessen, was vorgefallen ist, beschließen die Mitarbeiter der Frauenberatungsstelle, mich an einem anderen Ort unterzubringen, in einem anderen »Versteck«. Es geht in einen verlassenen Winkel in der tiefsten Provinz zu Leuten, die oft Ausländer ohne Ausweispapiere bei sich aufnehmen.

Ich habe furchtbare Angst, dass Yassine wieder auftaucht, Bilal entführt oder mich sogar umbringt …

Das Haus liegt vollkommen abgeschieden, was ich als ganz besonders beängstigend empfinde. Sobald es dämmert, spähe ich mit einem Kloß im Hals in die Dunkelheit hinaus. Niemand wird uns hier helfen können, wenn er tatsächlich beschließt, uns anzugreifen. Was sollen wir tun, wenn er auftaucht? Wenn er bewaffnet ist? Haltlose Panik erfasst mich. Unsere Gastgeber sind reizend, aber es ist ein älteres Paar, um das ich mich ebenfalls sorge. Mehrmals am Tag spreche ich mit den Sozialarbeiterinnen der Frauenberatungsstelle. Nach einer Woche kann ich sie endlich überreden, mich in die Stadt zurückkehren zu lassen. Es ist paradox, aber ich werde mich dort sicherer fühlen, weil ich weniger allein bin. Ich flehe sie an, mich wieder abzuholen.

Von diesem Zeitpunkt an habe ich bei jedem Schritt vor die Tür Angst, Yassine in die Hände zu fallen. Ich benutze immer wieder andere Wege, wenn ich zur Schule gehe. Beim Warten auf meinen Sohn verkrieche ich mich in einer Ecke, damit ich nicht so leicht zu entdecken bin. Ich achte ständig und angestrengt auf alles, was um mich herum passiert, und versuche, alle Wege im Blick zu behalten. Ich verbringe so wenig Zeit wie möglich draußen und suche stets schnell den Schutz der Wohnung. Die Vorschriften sind streng, man darf niemandem die Tür öffnen. Eine gepanzerte Tür bietet zusätzlichen Schutz.

Ich verbringe meine Zeit damit, unser Zimmer sauberzuhalten, kümmere mich aber auch um das Wohnzimmer und das Esszimmer. Zweimal am Tag wische ich den Boden, so, wie ich es früher in meiner Wohnung tat. Ich sollte diese Gewohnheit ablegen, aber sie ist sehr tief in mir verankert. Zum Glück unterstützt mich die Psychologin, zu der ich regelmäßig gehe, sehr dabei, zu mir selbst zurückzufinden. Ich muss all diese Rituale ablegen, auf die ich mich unter Yassines Druck eingelassen habe. Ich muss wieder ich selbst werden und mich auf meine eigenen Gefühle, Wünsche und Träume besinnen.

Das ist ein sehr schwieriger Weg. Auch wenn Yassine mich nicht mehr schlägt, habe ich manchmal das Gefühl, dass mein Leben ruiniert ist. Ich werde ihn nicht mehr los.

Die Verbissenheit bei seiner Suche nach mir ist ein Zeichen dafür, dass er mich niemals in Ruhe lassen wird. Mir wird klar, dass ich nichts mehr habe, gar nichts mehr. Ich habe meine Freunde aufgegeben, bin von meiner Familie getrennt, ich arbeite nicht mehr, ich habe nicht einmal mehr ein richtiges Zuhause. Ich lebe von der Sozialhilfe, habe einen Berg Schulden und keinerlei Perspektive. Es ist gerade so, als befände ich mich auf dem Grund eines tiefen Lochs, über dem weit oben bereits der Geier kreist. Sobald ich mich ans Licht wage, setze ich mein Leben aufs Spiel.

Darüber hinaus habe ich immer mehr das Gefühl, dass ich bestraft werde. Dass ich diejenige bin, die bezahlt, obwohl ich nichts getan habe. Dass ich das Opfer eines gewalttätigen Mannes bin, den niemand je in seine Schranken gewiesen hat und der sich jetzt für allmächtig hält. Eines Mannes, der sich nicht an Gesetze und Regeln hält. Er ist mit sich zufrieden. Er besitzt sogar die Arroganz, sich in die unmittelbare Nähe der Schule zu wagen, obwohl es ihm untersagt ist, sich mir zu nähern. Er hat es am Telefon so geschickt angestellt, dass er die Information über unseren Aufenthaltsort erhalten hat, was man ihm niemals hätte mitteilen dürfen. Wieder einmal packt mich die Vorstellung, dass nichts für ihn unmöglich ist. Es ist niederschmetternd, sich auf Gedeih und Verderb einem Mann ausgeliefert zu wissen, den nichts aufhält. Es bleibt mir nur eine Lösung: Ich muss mich verstecken. Mich in einer Stadt fern meiner vertrauten Umgebung verkriechen. Und beten, dass er nicht den Plan fasst, mich zu töten. Ich fühle mich doppelt bestraft. Mein Körper und mein Geist sind immer noch gezeichnet von den Schlägen, die mir zugefügt wurden. Ich muss vor meinem Leben davonlaufen, um am Leben zu bleiben.

Zum Glück rückt die Gerichtsverhandlung näher, bei der Yassine verurteilt werden wird. Das ist der einzige Grund, der mir Kraft zum Durchhalten verleiht, der mich nicht in eine Depression verfallen lässt. Er muss vor Gericht erscheinen wegen »wiederholter, in boshafter Absicht unternommener telefonischer Belästigung« und »Gewalttätigkeit«.

Und bei diesem Strafprozess werde ich ihm nicht allein gegenüberstehen, sage ich mir immer wieder voller Erleichterung.

Die Justiz ist da, um mich zu schützen.

Ich zähle die Tage, die mich noch von der Verhandlung trennen.

32

Justiz

Yassine ist alles andere als ein unbeschriebenes Blatt bei der Justiz. Sein Konto weist schon mehrere Verurteilungen auf. Als ich ihn kennenlernte, war er in schmutzige Geschäfte verwickelt, hatte einige Bußbescheide nicht bezahlt und sich so manches andere Vergehen dieser Kragenweite geleistet. Für mich war es äußerst wichtig, dass er all das zunächst in Ordnung brachte, um dann in Ruhe leben zu können. Also ergriff ich die Initiative und schlug ihm vor, ihm dabei behilflich zu sein, sein Konto gewissermaßen noch einmal auf null zu bringen. Wir haben die Gerichte abgeklappert, waren beim Finanzamt, mit einem Wort, wir haben einen umfassenden Frühlingsputz gemacht.

Aber das ist lange her.

Heute stehen wir einander gegenüber und nicht mehr Seite an Seite.

Die Anzeige, die ich bei meiner Ankunft in der geheimen Unterkunft der Frauenberatung erstattet hatte, bewirkte, dass Yassine in Gewahrsam genommen wurde. Am 14. August wurde er dem Strafrichter vorgeführt. Das habe ich über die Frauenberatungsstelle erfahren. Daraufhin habe ich meine Mutter umgehend gebeten, mich bei Gericht zu vertreten. Die Verhandlung wurde verschoben, um es mir zu ermöglichen, selbst zu erscheinen. Zweieinhalb Monate später, am 30. Oktober 2013, ist es dann so weit: Yassine und ich stehen einander im gleichen Raum gegenüber. Es ist der Verhandlungssaal des Landgerichts von Versailles.

Ihn wiederzusehen ist eine echte Herausforderung für mich. Ich zittere am ganzen Körper, mein Mund ist trocken. Allein seine physische Nähe weckt erneut Angst und Stress bei mir. Ich glaubte, schon ein wenig Distanz aufgebaut zu haben zu allem, was ich durchmachte, aber jetzt sehe ich in aller Klarheit, dass ich noch weit davon entfernt bin. Sobald sich unsere Blicke treffen, spüre ich, wie in mir die so vertraute Furcht emporsteigt. Mein Schädel beginnt, auf die gleiche Weise zu schmerzen, wie er unmittelbar nach den Schlägen geschmerzt hat. Am liebsten würde ich davonlaufen. Reflexartig will ich ihm immer noch entfliehen. Gleichzeitig wird aber auch meine Wut wach. Ich hasse ihn. Ich hasse ihn dafür, dass er mir mein Leben gestohlen hat. Ich bin hier durch seine Schuld, seinen Wahnsinn, seine Bosheit. Und dabei trägt er immer noch diesen selbstzufriedenen Gesichtsausdruck zur Schau. Er verhöhnt mich. Seinetwegen habe ich alles verloren. Meine Familie, meine Freunde, meine Arbeit. Ich habe keinen Halt und bin unfähig, ins Leben zurückzukehren.

Selbst wenn man nur Nebenkläger ist, ein Auftritt vor Gericht hat es in sich.

Dank der Prozesskostenhilfe werde ich von einer Anwältin begleitet. Es blieb uns nicht viel Zeit vor der Verhandlung, um uns abzusprechen. Und jetzt, hier vor Ort, bin ich nicht wirklich dazu in der Lage. Allein die Tatsache, dass ich mich aus meinem sicheren Unterschlupf hierher gewagt habe und mich nun mit Yassine konfrontiert sehe, lässt mich erstarren. Meine Muskeln verkrampfen sich, als er den Saal betritt. Ich bin hin- und hergerissen zwischen dem Wunsch, ihn genau ins Auge zu fassen, um zu sehen, in welcher Verfassung er sich befindet, und einer tiefen Abscheu.

In der Verhandlung werden noch einmal alle Fakten dargelegt. Der Sachverständige, der diese Aufgabe übernimmt, führt bis ins Detail alle früheren Verurteilungen auf, auch diejenigen, die nichts mit dem heute zu verhandelnden Fall zu tun haben. Dann kommt er auf die in den Akten hinterlegten Beweise zu sprechen.

Ich habe Anzeige erstattet wegen telefonischer Belästigung, aber die Polizei hat bei dem Telefonanbieter von Yassine keinen Antrag gestellt, um eine Auflistung seiner Anrufe zu erhalten. Sie hat sich darauf beschränkt, sein Handy selbst zu untersuchen. Im Übrigen wird eine solche Auflistung auch nie angefordert werden. Das nimmt mir bis zum letzten Verhandlungstag in der Berufung die Möglichkeit, einen doch wesentlichen Beweis vorlegen zu können. Niemand erklärt mir jemals, warum dies unterlassen wird.

Alles, was dem Gericht vorliegt, sind die SMS, die ich selbst an Yassine geschickt habe. Lediglich vier der insgesamt 108 SMS wurden im Wortlaut in die Akten aufgenommen. Dabei handelt es sich um die letzten vier SMS. In dreien fordere ich Yassine auf, mit seinen Drohungen mir gegenüber aufzuhören. Die allerletzte SMS besteht lediglich aus einer kurzen Frage: »Alles in Ordnung?« Als ich diese SMS abschickte, hatte er Bilal bei sich, und ich wollte einfach nur wissen, wie es meinem Sohn geht. Aber das Gericht begreift nicht, woher meine Sorge rührte und wie meine Frage gemeint war. Zum Glück lässt sich aus den drei anderen SMS eindeutig schließen, dass er mich bedrohte. Das ist mein Glück, denn Yassine hat mich gezwungen, alle Nachrichten zu löschen, die er mir geschickt hat. Das war an jenem denkwürdigen Tag, als ich Bilal bei ihm abholen wollte und er mir sagte, dass er mich nicht gehen lasse, solange ich seinen Befehl nicht ausgeführt hätte.

Als ich schließlich meinerseits Rede und Antwort stehen muss, fragt man mich nach dem Grund, warum diese Auflistungen nicht vorliegen. Nur, woher soll ich den Grund dafür wissen, dass sie sich nicht in den Akten befinden? Ich gestehe, dass ich das nicht ganz begreife. Als Yassine später in erster Instanz verurteilt wird und daraufhin Berufung einlegt, habe ich irgendwann ein reichlich merkwürdiges Telefongespräch mit einem Polizeibeamten. Der kaum zu glaubende Dialog lief wie folgt ab:

»Können Sie uns Ihre Rechnung überlassen?«

»Ja, aber warum?«

»Nun«, erwidert er gereizt, »um Ihre Klage zu stützen! Sie behaupten doch, dass er Sie oft anruft …«

»Ja, aber seine Anrufe stehen doch nicht auf meiner Rechnung. Da werden Sie nur meine eigenen Anrufe finden. Sie brauchen doch seine Rechnung.«

Der Beamte verstummt, dann gibt er mir recht. Als ich den Hörer wieder auflege, bin ich vollkommen entsetzt. Was hat der sich denn nur gedacht?

Im Zweifel für den Angeklagten – so lautet der allgemeine Grundsatz. Wenn jedoch die Beweise gar nicht erst zusammengetragen werden, fühlt sich das Opfer wirklich alleingelassen. Während der Zeit vor Gericht befällt mich dieses Gefühl im Übrigen sehr oft. Manchmal geht es sehr schnell, sodass ich nicht immer sofort begreife, worauf die Fragen abzielen. Es scheint mir hin und wieder, als würde ich im Zuge der oft recht unfreundlichen Fragen des Richters oder Staatsanwaltes beschuldigt. Das reicht so weit, dass ich mich manchmal frage, wer eigentlich der Angeklagte ist. Dieser erste Kontakt mit der Justiz ist verstörend. Ich fühle mich schwach, und die Worte gehen mir sehr nah. Ich habe keine Ahnung, wie diese Institution funktioniert, ich kenne ihr Räderwerk und ihre Gepflogenheiten nicht. Ich fühle mich allein. Ich glaubte, dass es Aufgabe der Justiz sein müsste, mich zu verteidigen, aber das ist nicht der Fall. Ich bin lediglich ein Fall, den man mehr oder weniger schnell verhandelt. Mit mehr oder weniger Aufmerksamkeit. Ja, ich fühle mich ziemlich allein. Auch hier.

Die Ausführungen des Anwaltes der Verteidigung in diesem Prozess vor der Strafkammer sind verletzend für mich. Natürlich muss er alles tun, um seinen Mandanten zu verteidigen, aber in diesem Fall geht er weit, sehr weit: Er nennt mich eine Lügnerin, die Märchen auftische, die stets irgendeine Geschichte auf Lager habe. »Eine Mythomanin«, so lauten seine Worte. Doch für die Gewalttätigkeiten kann ich auf das medizinische Gutachten verweisen, das diese bestätigt. Aber hier wird beanstandet, dass ich nicht sofort Anzeige erstattet hätte und deshalb auch nicht von einem Amtsarzt untersucht worden sei. Nur ein Amtsarzt ist jedoch befugt, vor Gericht unter Eid etwas bescheinigen zu dürfen. Die Zeitspanne zwischen dem Tag, an dem es zu den Gewalttätigkeiten kam – dem 1. Juli –, und der Anzeige, die am 17. Juli erstattet wurde, weckt Unverständnis. Ich muss mehrmals erklären, dass ich zunächst einmal Bilal, der bei seinem Vater gewesen sei, habe zurückholen wollen, weil ich Angst gehabt habe, Yassine könne sich mit ihm beispielsweise nach Ägypten absetzen. Glücklicherweise betonte der Staatsanwalt dann in der Berufung, dass man einem

Arzt auch dann Vertrauen schenken könne, wenn er kein Amtsarzt sei.

Ich sehe aber auch ein, dass es wichtig ist – selbst wenn es sich für mich wirklich als sehr unangenehm herausstellt –, dass alle Aspekte mit höchster Genauigkeit geprüft werden. Ich reiße mich zusammen, um nicht die Fassung zu verlieren. Mir bleibt nur wenig Zeit, um zu erklären, was über Jahre hinweg geschehen ist – und auch während all der Monate, die ich bereits getrennt von Yassine lebe. Ich muss dem Gericht vor Augen führen, welche Macht er noch heute über mich hat. Ich muss klarmachen, dass ich allein schon wegen Bilal jede Dramatisierung vermeiden will. Dass ich auf eine einvernehmliche Trennung hoffe, und darauf, dass sich unsere Beziehung normalisiert. Vielleicht ist hier jedoch auch eine Angst mit im Spiel, die ich seit jeher in mir trage. Eine tief in meinem Innern verankerte Angst, die nicht weichen will. Ich gehe Konflikten aus dem Weg, selbst wenn es ganz offensichtlich ist, dass die Dinge sich nicht von allein regeln werden.

Diesen komplizierten Sachverhalt unter Zeitdruck in klare Worte zu fassen, ist wirklich nicht einfach.

Am Ende des Prozesses im Oktober 2013 wird Yassine zu einem Jahr Gefängnis verurteilt. Seine Bewährung wird teilweise zurückgenommen. Gegen dieses Urteil legt er Berufung ein. Ein Satz ist mir von diesem Urteil in Erinnerung geblieben: »Das Gericht [...] verurteilt ihn in Anbetracht seiner Vorstrafen und seiner Persönlichkeit zu einer Haftstrafe von zwölf Monaten. Aufgrund der Umstände der Straftat (Ermangelung der amtsärztlichen Bescheinigung ebenso wie der Anrufprotokolle) wird der Haftbefehl jedoch ausgesetzt.« Jetzt bleibt mir nur die Hoffnung, und darum bitte ich die Polizei auch, dass diese Anrufprotokolle bis zur Berufung den Akten beigefügt werden. Dazu wird es jedoch nicht kommen …

Da die Justiz völlig überlastet ist, findet die Berufungsverhandlung erst im Juni 2014 statt.

Als ich das erfahre, breche ich zusammen.

Hatte ich geglaubt, mich nur eine Zeit lang verstecken zu müssen und rasch wieder ein normales Leben führen zu können, werde ich nun mit einer ganz anderen Wirklichkeit konfrontiert: Ich werde noch lange hier in meinem Versteck bleiben müssen. Eine Rückkehr ist unmöglich, da Yassine stets in unserer Nähe auftauchen könnte. Ich muss allerdings erwähnen, dass mir personenschützende Maßnahmen gewährt werden, die mich theoretisch vor seinen möglichen Verstößen gegen die Auflagen bewahren würden. Diese schriftliche Zusicherung trage ich in meinem Portemonnaie immer bei mir. Aber sie wird ihn nicht hindern, sich mir zu nähern. Er wird sich auch jetzt für gerissener halten als alle anderen, wie immer. Regeln und Gesetze sind nicht für ihn gemacht. Damit prahlt er gern.

Nach dieser Verhandlung befinde ich mich in einem Zustand großer psychischer Instabilität. Ich habe mein normales Leben aufgegeben, obendrein zieht man hier meine Worte in Zweifel. Ich fühle mich von denjenigen, die mich eigentlich schützen sollten, geradezu verraten, und ich werde einige Zeit brauchen, um diesen Ablauf einfach den herrschenden Spielregeln zuzuschreiben. Yassines Anwalt tut seine Arbeit, er gibt dessen Worte wieder und muss überzeugend dabei wirken. Das führt ihn zu der Behauptung, ich hätte mich immer wieder mit Absicht an den Heizkörpern gestoßen, um vorzutäuschen, Yassine habe mich geschlagen. Ich muss nicht betonen, wie hart es für mich ist, derlei Dinge zu hören. Ich verstehe zwar, dass er seinen Mandanten verteidigen muss, aber manche seiner Worte sind schrecklich. Für Yassine bedeuten sie noch dazu eine Art Genugtuung, weil er schließlich von ihrer Richtigkeit überzeugt ist. Er setzt seine triumphierende Miene auf, nimmt wörtlich, was sein Anwalt mit Nachdruck vorträgt. Dieses ganze Verfahren destabilisiert mich, und meine Verunsicherung reicht manchmal so weit, dass Zweifel bei mir wach werden, ob es gut war, überhaupt das Wort zu ergreifen. Ob ich nicht hätte still alles weiter ertragen sollen. Alles kommt mir so furchtbar verdreht vor. Ich bin verloren und ausgelaugt. Diese für mich vollkommen unbegreifliche Justiz nimmt mir jeden Halt.

Vor der Berufung steht noch ein weiterer richterlicher Termin für Yassine und mich an. Wir müssen vor dem Familiengericht erscheinen, um die Frage des Sorgerechts für Bilal zu klären. Mir scheint es der richtige Weg zu sein, um eine Lösung zu finden. Mir wird immer klarer, dass ich niemals eine »normale« Beziehung zu ihm haben werde. Also ist es besser, dass ein Dritter die Regeln aufstellt und es nicht wieder zu endlosen Diskussionen kommt.

Juristische Gründe verhindern, dass mich dieselbe Anwältin vertritt. Das Familiengericht ist nicht im selben Departement angesiedelt wie das Strafgericht.

Die neue Anwältin hat beschlossen, so viel wie möglich für mich herauszuholen. Ich hingegen bin nicht sicher, ob das der richtige Weg ist. Aber sie überzeugt mich am Ende von ihrer Marschroute. Ich muss ihr letztlich vertrauen, da sie die Einzige ist, die mich begleitet und mir in diesem weiteren Kampf zur Seite steht.

Bei meiner Ankunft am Gericht erfahre ich, dass die Verhandlung vertagt wurde. Nur mühsam kann ich meine Tränen zurückhalten. Ich habe eine teure Hin- und Rückfahrkarte für nichts und wieder nichts bezahlt. Wenn man nur Sozialhilfe bekommt, ist das kein unerheblicher Posten. Also lege ich denselben Weg noch einmal im Dezember 2013 zurück. Und an diesem Tag wird mir erneut bewusst, wie schlecht es um mein inneres Gleichgewicht bestellt ist, wie schwach ich mich Yassine gegenüber fühle.

Es beginnt damit, dass meine Anwältin verspätet eintrifft. Schon auf dem Flur packt mich die Angst. Ich kann unmöglich Yassine allein gegenübertreten. Ich kann die Anspannung kaum aushalten und gerate in Panik. Aber ich will auf keinen Fall, dass es zu einer erneuten Verschiebung des Termins kommt. Dafür fehlen mir schlichtweg die Mittel. In meiner kaum zu bändigenden Nervosität begehe ich nun einen Fehler, dessen Tragweite mir in diesem Augenblick nicht klar ist: Ich klopfe an die Bürotür der Richterin. Beim Eintreten sage ich: »Entschuldigen Sie bitte, meine Anwältin ist noch nicht da, aber sie wird gleich kommen. Der Termin muss unbedingt heute stattfinden, ich bitte Sie inständig …«

Eisig antwortet sie: »Das entscheiden nicht Sie! Wenn Sie jetzt bitte mein Büro verlassen würden …«

Meine Angst wächst und wächst. Zum Glück trifft meine Anwältin kurz darauf ein. Der Termin kann stattfinden. Yassine seinerseits fühlt sich offenbar rundum wohl. Er lächelt und ist höflich, so, wie er es so gut versteht, wenn er Leute um den Finger wickeln will. Da ist es nicht weiter erstaunlich, dass die Waage sich zu seinen Gunsten neigt.

Wie heißt es so schön: Man lernt aus seinen Fehlern. Mir wurde klar, dass ich alles falsch angestellt hatte. Aber ich war nicht in der Lage, Ruhe zu bewahren. Für mich ist das ein Beweis dafür, wie labil, wie verwundbar ich war – gerade vor so ehrwürdigen Institutionen wie einem Gericht. Ich bin diejenige, die »alles falsch anstellt«, weil ich so empfindlich bin. Ich habe zu viel durchgemacht. Ich lasse mich von meinen Emotionen hinreißen, sie bestimmen mein Handeln. Ich habe keine Kraftreserven mehr. Wer wird mich von diesen Menschen verstehen können, die von ihren Aktenbergen so überlastet sind?

Ich erreiche aber immerhin, dass eine unbeteiligte dritte Person den »Transfer« von Bilal während der Ferien übernehmen soll. Aber dies wird so vage formuliert, dass Yassine daraus seinen Nutzen ziehen kann. Er wird sehr oft vor Ort sein, auch wenn es ihm untersagt ist, sich mir zu nähern. Ich hatte es für angebracht gehalten, dass diese Übergabe an einem von der Frauenberatung vorgesehenen Ort stattfindet, einem neutralen Ort für Eltern, die Schwierigkeiten haben, ein solches Treffen selbst zu organisieren. Aber nein: Yassine steht es frei, wen er schicken will, um Bilal abzuholen. So kommt es vor, dass ich ihn manchmal einer Person übergeben muss, die ich noch nie zuvor gesehen habe. In diesem Zusammenhang wendet er sich beispielsweise an die Organisation »SOS Papa«, eine Beratungseinrichtung für Väter in Trennungssituationen. Natürlich möchte er allen weismachen, dass er das Opfer ist. Einer ihrer Mitarbeiter, der in meiner Nähe wohnt, wird Bilal mehrmals in Empfang nehmen. Es ängstigt mich zutiefst, und ich beobachte heimlich, mit was für einer Person Bilal schließlich aufbricht. Es ist ein schreckliches Gefühl, seinen kleinen Jungen auf diese Weise ziehen zu lassen …

Aber Yassine hält sich auch weiterhin nicht an die Abmachungen bezüglich des Sorgerechts. Er nimmt Bilal nicht immer zu sich, wenn er an der Reihe ist oder es ihm zusteht. Er behauptet, dass es meine Pflicht sei, ihn in die Region um Paris zu bringen. Am 5. Juli 2014 haben wir mittags einen Termin in einer Polizeiwache in einer Stadt unweit meines Wohnsitzes. Ich erscheine dort mit Bilal und seinem Koffer. Und wer ist nicht da: Yassine. Ich bestehe auf einem Aktenvermerk, um dies festzuhalten. Es muss klar sein, dass ich meinerseits den Termin eingehalten und alle Auflagen erfüllt habe. Wir fahren wieder nach Hause. Bilal ist verstört.

Um 19 Uhr klingelt mein Telefon.

»Hier ist die Polizei. Sprechen wir mit Mademoiselle Seliman? Es geht um eine ernste Sache: Die Übergabe Ihres Kindes hat nicht stattgefunden …«

»Was soll das heißen? Was meinen Sie damit, die Übergabe habe nicht stattgefunden?«

»Der Vater Ihres Sohnes sitzt mir hier gegenüber, und Sie haben Bilal nicht hergebracht.«

Ich falle aus allen Wolken. Schnell reiße ich mich jedoch zusammen und frage den Polizeibeamten, der mich angerufen hat: »Entschuldigen Sie bitte, liegt Ihnen denn der Gerichtsentscheid nicht vor? Hat er Ihnen den Gerichtsentscheid nicht gezeigt?«

»Äh, nein.«

»Aha! Dann sind Sie also neu und kennen Yassine X nicht?«

Er antwortet mir nicht. Ich fahre fort.

»Das ist doch wirklich ein Skandal! Ich bin das Opfer dieses Typs! Und Sie, Sie rufen mich in seinem Beisein an, obwohl er Ihnen keinerlei Unterlagen vorgelegt hat! Sie glauben ihm einfach, was er Ihnen auftischt! Fragen Sie ihn nach dem Gerichtsbeschluss, dann werden Sie schon sehen!«

»Oh, das tut mir leid …«

An seiner Stimme höre ich jetzt, dass er am liebsten im Erdboden versinken würde. Da hat er sich einen schönen Schnitzer erlaubt.

Jetzt bin ich in Fahrt geraten: »Jedes Mal, wenn ich auf einer Polizeiwache erscheine, verlangt man als Erstes das Gerichtsurteil von mir. Und in diesem Dokument steht, dass der Vater des Kindes seinen Sohn abholen muss. Und ich, ich war zu dem vereinbarten Termin bei Ihnen. Das werden Ihnen Ihre Kollegen bestätigen!«

Ich bin so wütend, dass ich den Leiter der Wache sprechen will. Mein Gesprächspartner am anderen Ende der Leitung will sich jetzt am liebsten in Luft auflösen. Ich denke, dass Yassine sich an diesem Tag keinen neuen Freund gemacht hat.

Auch in dieser Phase ruft Yassine mich weiterhin Tag und Nacht an. Ich bestehe darauf, diese Belästigung in die Akten aufzunehmen. Tatsächlich ist er auch jetzt an meine Nummer gelangt. Ich war jedoch keineswegs diejenige, die sie ihm gegeben hat. Es kam dadurch zustande, dass ein Beamter, bei dem ich wieder einmal eine Anzeige erstattet hatte, sie gegen meinen ausdrücklichen Wunsch dort vermerkte, anstatt sie geheim zu halten. Dabei hatte ich ihm die Situation genau erklärt. Aber er war der Meinung, dass die Telefonnummer auf dem Formular zu stehen habe. So konnte Yassine einen Blick auf meine Nummer werfen und sie aufschreiben. Und damit ging die Belästigung wieder von vorn los …

Jetzt sehne ich die Verhandlung im Juni herbei, die Berufung, die mir endlich – das ist meine große Hoffnung – eine gewisse Ruhe bescheren wird.

Als ich mein Zuhause in jener Nacht- und Nebelaktion verlassen hatte, glaubte ich, lediglich ein paar Wochen in irgendeinem Frauenhaus Zuflucht suchen zu müssen. Ich war mir so sicher, dass ich nicht einmal eine Monatskarte für den öffentlichen Nahverkehr kaufte. Jetzt ist es schon ein Jahr her, dass ich aus meiner Wohnung geflohen bin. Ich mache mir keine Illusionen mehr. Zum Glück sind mir in meiner Verzweiflung wunderbare Menschen begegnet – ganz besonders die Sozialarbeiterinnen der Frauenberatungsstelle –, mit deren Hilfe ich wesentliche Schritte auf meinem Weg gehen konnte. Ich spüre, dass ich mich allmählich zumindest zum großen Teil von jenem Einfluss befreit habe, den Yassine auf mich hatte. Es gelingt mir mittlerweile, mehr Abstand zu den Ereignissen zu wahren und sie etwas weniger emotional zu analysieren.

Aber als besagter 4. Juni näher rückt, bin ich sehr erschöpft und ringe um Fassung.

Der Anwalt von Yassine ist »verhindert«. Yassine zitiert die entsprechenden Artikel des Gesetzbuches und weigert sich, einen anderen Anwalt einspringen zu lassen. Die Richterin ist verärgert, aber ihr bleibt nichts anderes übrig.

»Das ist Ihr Recht, aber es ist reines Theater, was Sie hier veranstalten.«

So wird die Verhandlung mit dem Vermerk »dringlich« vertagt ... auf den 21. Januar 2015. Den 21. Januar 2015! Jetzt kann ich meine Tränen nicht mehr zurückhalten. Ich hatte so sehr darauf gehofft, mit Beginn des neuen Schuljahres in mein normales Leben zurückkehren zu können. Stattdessen muss ich ein weiteres Mal den Rückweg antreten und noch einmal sechs Monate meine doppelte Strafe ertragen.

Yassine frohlockt. Er ist ganz begeistert von seinem Schachzug. Er wird den Sommer in Freiheit verbringen und die Ferien ausnutzen.

Ein Satz, den er mehrmals von sich gibt, lässt mir das Blut in den Adern gefrieren: »Denk dran, wenn ich noch einmal ins Gefängnis wandere, dann nicht nur wegen solcher Lappalien!«

Sein provokanter und prahlerischer Tonfall geben mir den Rest. Die Angst ist wieder da.

Schweren Herzens kehre ich in die Unterkunft der Frauenberatung zurück. Es ist schwierig, in einer Stadt Fuß zu fassen, die einem vollkommen fremd ist. Es fehlen die Anlaufstellen, die Freunde. Ich muss zudem ständig aufpassen, dass niemand meine Adresse herausfindet. Bilal darf seine Spielgefährten ebenso wenig einladen wie ich meine Bekannten. Wir verbringen unsere Zeit ausschließlich mit den Frauen und Kindern, die mit uns unter einem Dach leben. Arbeit habe ich immer noch nicht. Dass unser Aufenthalt hier in dieser Stadt zeitlich begrenzt ist, schränkt die Arbeitssuche zusätzlich ein. Außerdem erschreckt mich schon die Vorstellung, mit Unbekannten in Kontakt treten zu müssen. Die Tatsache, so eingeschlossen zu leben, hat mich scheu werden lassen. Jeder noch so kleine Anlass ängstigt mich. Sobald ich Schritte auf der Treppe höre, beginne ich zu zittern. Ich mache das Licht aus und gebe keinen Laut mehr von mir. Wenn ich Bilal von der Schule abhole, fühle ich mich nicht wohl in meiner Haut.

Die Angst, Yassine womöglich über den Weg zu laufen, hat sich zu einer Angst vor allen Menschen ausgeweitet.

33

Und jetzt?

Heute lebe ich in der Normandie. In einer kleinen Stadt unweit des Meeres, wo ich im Grunde zufällig gelandet bin. Die Wohnung der Frauenberatungsstelle musste ich irgendwann verlassen. Der Zeitraum, den ich dort verbringen konnte, war ausgeschöpft und ein längerer Aufenthalt unmöglich. Ich hätte mir eine Wohnung in der Gegend nehmen können, aber ich fühlte mich dort sehr verloren. Die Entfernung zu meiner Familie und den wenigen verbliebenen Freunden war mir einfach zu weit. Ein Freund schlug mir vor, in die Normandie zu ziehen, und da sagte ich mir, dass Bilal so zumindest in der Nähe des Meeres leben würde. Das Leben hier ist ruhig, und ich kann mir vorstellen, mich hier langfristig einzurichten.

In der Berufung wurde Yassine für seine Gewalttätigkeit mir gegenüber verurteilt. Aber das Gericht ließ viel zu viel Milde walten und sah von einer Gefängnisstrafe ab. Vom Vorwurf der Belästigung wurde er freigesprochen. Damit hat er nun freie Bahn, seine Anrufe fortzusetzen. Als meine Anwältin mir das Urteil mitteilte, war ich am Boden zerstört. Es brachte mich zudem auf, dass das Berufungsgericht nicht die Anruflisten von Yassine vorliegen hatte, da die Polizei ihrer Aufgabe nicht nachgekommen war und sie nicht angefordert hatte. In Ermangelung stichhaltiger Beweise sah man deshalb vom Vorwurf der Belästigung ab.

Wo bleibt da die Gerechtigkeit?

Mehr als drei Jahre lang läuft mein Leben jetzt schon an mir vorbei.

Mehr als drei Jahre lang habe ich Angst, obwohl ich nicht mehr mit Yassine zusammenlebe.

Mehr als drei Jahre lang macht er mir bereits das Leben schwer, und immer noch bin ich diejenige, die den Beweis dafür liefern soll. Ich ganz allein.

Ich möchte wieder Arbeit finden, eine Wohnung haben, die ich wirklich zu meinem Zuhause machen kann. Ich möchte Freunde wiedersehen und langfristige Pläne schmieden. Ich möchte endlich wieder ein normales Leben leben. Zumindest möchte ich es versuchen, denn das Leid, das mir Yassine zufügte, hat für immer Spuren bei mir hinterlassen.

Die Erfahrung der Angst hat meinen Blick auf andere Menschen verändert. Ich weiß, wie nackte Gewalt aussehen kann, ich habe gelernt, auf der Hut zu sein. Es fällt mir jetzt schwer, Vertrauen zu haben. Wenn ich an einen neuen Ort komme, nehme ich zunächst die Umgebung in Augenschein: Ich überlege, wo sich jemand verstecken könnte. Gehe ich auf der Straße spazieren, dann achte ich stets darauf, wer sich in meiner

Nähe aufhält. Ich will üblen Überraschungen vorbeugen.

Das Urteil des Berufungsgerichts hat meine Angst wieder wach werden lassen.

Denn ich weiß, dass Yassine diesen Freibrief nicht ungenutzt lassen wird.

Einmal wurde ein Journalist in der Frauenberatung von »SOS Violance conjugales« (»SOS Gewalt in der Ehe«) vorstellig, der einen Beitrag zum Thema häusliche Gewalt vorbereitete und dazu »extrem gefährdete Frauen« befragen wollte. Er benötigte die Aussagen von Betroffenen, wie wir sie waren. Die Sozialarbeiterinnen leiteten sein Anschreiben an uns alle weiter. Auf der Stelle sagte mir eine innere Stimme, dass ich teilnehmen müsse. Ich wollte reden. Ich wollte, dass die ganze Welt erfuhr, was mir widerfahren war. Ich dachte, dass dies ein wirksames Mittel sei, meine quälende Angst zu bekämpfen und aus der Opferrolle herauszukommen, in die Yassine mich gedrängt hatte. Ich hatte schließlich bei der ersten Frauenberatungsstelle, die sich um mich kümmerte, die Erfahrung gemacht, dass die Verschwiegenheit ein Teil des Problems ist. Die Männer fordern die Verschwiegenheit ein, und die Frauen kommen dem nach, weil sie glauben, dass sonst alles nur noch schlimmer wird. Dabei ist das Gegenteil der Fall: Einzig und allein das Reden befreit.

Ich habe beschlossen, meinen Worten mehr Gehör zu verschaffen. Vielleicht auch, weil ich hoffe, dass ich Yassine auf diesem Weg endlich erreiche. Mein Bericht in der Sendung von Olivier Delacroix auf dem Sender France 2 hat die Zuschauer berührt. Ich habe nur zehn Minuten gesprochen und nur einen Bruchteil meiner Erlebnisse erzählt, aber danach habe ich viele Sympathie- und Solidaritätsbekundungen erhalten. Während der Zeit im Aufnahmestudio musste ich einmal an die Zeit denken, in der ich selbst solche Sendungen im Fernsehen sah und fassungslos war, dass die Sender so unverantwortlich waren, sie auszustrahlen. Wenn ich bedenke, welchen Weg ich seitdem gegangen bin …

Heute veröffentliche ich nun ein Buch. Immer noch liegt es mir am Herzen, meine Erfahrungen und Erlebnisse öffentlich zu machen. Auf diesem Weg gelingt es mir, Abstand davon zu gewinnen, alles mit einem anderen Blick zu sehen und neue Kraft zu schöpfen. Vor allem aber will ich anderen von Nutzen sein. Anderen Frauen und ihren Familien. Ich will Verständnis dafür wecken, was es heißt, unter dem Einfluss von jemandem zu stehen. Nicht in der Lage zu sein, über diese Situation sprechen oder gar aus ihr ausbrechen zu können. Ich habe sehr darunter gelitten, wenn man mich beinahe vorwurfsvoll fragte: »Warum bist du denn bei ihm geblieben?« Es geht doch gerade darum zu verstehen, warum die Frauen bleiben, und nicht etwa anzunehmen, dass sie »das lieben«. Es ist eine schreckliche Erfahrung, diesen Gedanken in den Blicken der anderen zu lesen. Diese Einschätzung versetzt einem gewissermaßen den Todesstoß.

Heute will ich frei sein.
Keine Angst mehr haben. Mein Leben neu gestalten.
Ich bete, dass er mich vergisst.

Epilog

Ich sitze am Strand. Bilal und ich kommen oft hierher.

Auf der Promenade oberhalb der Mole geht ein Paar an uns vorüber. Ich kann nicht alles hören, was sie sagen, aber der zu mir herüberklingende Tonfall verursacht mir Unbehagen. Ihr Wortwechsel klingt sehr gereizt. Plötzlich sehe ich, wie der Mann einen Arm hebt.

Wie erstarrt halte ich meinen Blick auf sie gerichtet. Mein Herz schlägt zum Zerspringen.

Ich kann mich keinen Schritt mehr von der Stelle rühren.

Es ist eine solche Stresssituation für mich, dass ich innerlich ganz aufgelöst bin.

Er wird sie schlagen!

Unmittelbar ziehe ich den Kopf zwischen die Schultern. Ich will mich schützen. Mein Körper erinnert sich. Ich spüre einen plötzlichen Schmerz am Schädel. So, wie es mich immer schmerzte, wenn ich nach Yassines Schlägen mein Haar kämmen wollte.

Ich kauere mich fröstelnd zusammen, um der Kälte Einhalt zu gebieten, die mich erfasst. Mein Rücken, meine Beine, mein Hals, meine Arme … mein ganzer Körper ruft seine Erinnerungen an jene Zeit wach, als er überall von blauen Flecken übersät war.

Das Paar schlendert weiter.

Ich kann mich immer noch nicht rühren.
Tränen laufen mir übers Gesicht.
Bilal nimmt meine Hand.
»Warum weinst du, Mama?«
»Das kommt vom Wind, mein Schatz. Vom Wind …«

Danksagungen

Ich danke Yoni, Olivier Delacroix und Renaud Leblond. Diese drei Männer haben mein Leben verändert.

Ich danke den Frauenberatungsstellen von »Du côté des femmes« und »SOS Violences conjugales«, bei denen ich die Unterstützung und den Schutz fand, die ich so sehr benötigte.

Ich danke Caroline Sers, die mir mit Freundlichkeit und Geduld beim Schreiben meiner Geschichte beistand. Für das aufmerksame Lektorat geht mein Dank außerdem an Amandine Le Goff.

Ich danke dem Verlag Éditions XO, und ganz besonders Bernard Fixot und Édith Leblond, die es mir ermöglichten, mein Buch zu veröffentlichen und mir damit Gehör zu verschaffen.

Außerdem danke ich meiner Familie, meinen Freunden und all jenen, die mir irgendwann auf die eine oder andere Weise behilflich waren oder es zumindest versucht haben …

Anhang

Auszug aus einem Bericht der nationalen Beobachtungsstelle für Gewalt gegen Frauen (L'observatoire national des violences faites aux femmes) – Mai 2015

Gewalt gegen Frauen bedeutet eine tiefgreifende und dauerhafte Beeinträchtigung ihrer Gesundheit

Laut Schätzungen der Weltgesundheitsorganisation WHO aus dem Jahr 2013

- hat weltweit fast ein Drittel aller Frauen (30 Prozent), die mindestens einmal in einer Partnerschaft lebten, physische oder sexuelle Gewalt vonseiten ihres Beziehungspartners erfahren;
- ist bei 38 Prozent aller Frauen, die Opfer von Morden wurden, der aktuelle oder ehemalige Partner der Täter;
- wird eine von fünf Frauen in ihrem Leben Opfer einer Vergewaltigung oder einer versuchten Vergewaltigung.

Im Jahr 2013 wurden in Frankreich 129 Frauen von ihrem aktuellen oder ehemaligen Partner umgebracht. Befragungen von Frauen, die Gewalt erfahren haben, führen zu folgenden Schätzungen:

- Jedes Jahr werden 216 000 Frauen Opfer von physischer und/oder sexueller Gewalt vonseiten ihres Partners oder Ex-Partners.
- 86 000 Frauen werden jedes Jahr Opfer einer Vergewaltigung oder einer versuchten Vergewaltigung.
- Im Lauf ihres Lebens wird eine von fünf Frauen Opfer von sexueller Gewalt (Vergewaltigung, versuchte Vergewaltigung oder eine andere Art sexueller Aggression).

In Deutschland wird jede vierte Frau mindestens einmal in ihrem Leben Opfer von physischer oder psychischer Gewalt durch ihren Beziehungspartner. Das fand eine im Auftrag vom Bundesministerium für Familie durchgeführte Studie 2004 heraus. Laut Daten des Bundeskriminalamts sind 2015 mehr als 100 000 Frauen Opfer von psychischer oder physischer Gewalt geworden, 331 Frauen wurden von ihrem Partner getötet. Viele Vorfälle werden nicht zur Anzeige gebracht.

Diese Gewalterfahrungen haben schwerwiegende Auswirkungen auf die Gesundheit der Frauen, und zwar
unmittelbar wie auch auf lange Sicht. Die Tatsache,
von Gewalt bedroht zu sein, begünstigt die Ausbildung
bestimmter pathologischer Verhaltensweisen.

Die Auswirkungen von Gewalt auf die Gesundheit
der Opfer können in vier Hauptkategorien aufgeteilt
werden:

- akute oder unmittelbare physische Traumata;
- Auswirkungen auf die psychische Gesundheit, Ausprägung von schädlichen Verhaltensweisen beim
  Opfer;
- gesundheitliche Störungen hinsichtlich der Sexuali-
  tät, des Kinderwunsches und der Mutterrolle vor
  und nach der Geburt des Kindes;
- erhöhtes Risiko chronischer Krankheiten durch Gewalterfahrungen.

Psychotraumatische Folgen sexueller Gewalt innerhalb der Paarbeziehung

Der hochgradige Stress, den die Aggression bedeutet, bringt ein elementares kardiovaskuläres und neurologisches Risiko mit sich. Um dieses Risiko zu vermeiden, vollzieht das neuronale System einen »Kurzschluss« und löst damit eine psychische und physische Anästhesie aus sowie Gedächtnislücken, die bis zum Syndrom einer traumatischen Amnesie reichen können.

Der posttraumatische Stress äußert sich:
* im Wiedererleben (traumatische Erinnerungen): Wiederkehr von sich wiederholenden Gedanken, intrusive Erinnerungen (Empfindungen, Schmerzen …), Albträume …;
* in Vermeidungssymptomen: phobisches Vermeiden aller Situationen, die in Beziehung zur traumatischen Erfahrung stehen;
* in neuro-vegetativer Hyperaktivität: extreme Wachsamkeit, Kontrollzwang, Schreckhaftigkeit, Schlaflosigkeit, Reizbarkeit …

Diese Symptome erzeugen einen großen Leidensdruck und können bei einer betroffenen Person zur Entstehung eines depressiven Syndroms, zu suizidalen Gedanken oder zur Ausprägung unterschiedlichen Suchtverhaltens führen.

Deutschlandweites Hilfetelefon

Das Hilfetelefon »Gewalt gegen Frauen« bietet Frauen, die Opfer von Gewalt geworden sind, sowie betroffenen Angehörigen in mehreren Sprachen Hilfe und eine vertrauliche Beratung an. Es ist unter der kostenlosen Telefonnummer 08000 – 116016 zu erreichen.